Cómo predicar

expositivamente

Del texto al sermón

Walter L. Liefeld

CÓMO PREDICAR EXPOSITIVAMENTE
Edición en español publicada por
Editorial Vida – 1990
Miami, Florida

© 1990 The Zondervan Corporation

Originally published in the USA under the title:
> **New Testament Exposition**
> **Por Ministry Resources Library**
> **©1984 by The Zondervan Corporation**
Published by permission of Zondervan, Grand Rapids, Michigan 49530

Traducción: *Miguel A. Mesías*
Diseño de cubierta: *Sara Wenger*
Adaptada por: *Good Idea Productions Inc.*

ISBN: 978-0-8297-1218-6

CATEGORÍA: Ministerio cristiano / Predicación

IMPRESO EN ESTADOS UNIDOS DE AMÉRICA
PRINTED IN THE UNITED STATES OF AMERICA

11 12 13 ❖ 13 12

Para mi esposa Oliva,
quien no sólo tiene un rico ministerio propio
y es mi "colaboradora",
sino que también con gracia tolera
las pilas de mis libros y papeles,
y las muchas horas que he pasado con ellos
en lugar de pasarlos con ella.

Contenido

6 *Cómo predicar expositivamente*

Contenido

Prefacio

Este libro es producto de mi propio peregrinaje. Después de años de predicar (desde los muelles y las esquinas de las calles de Nueva York hasta los púlpitos de muchas denominaciones) y de años de enseñar exégesis, todavía sentía que a mis sermones les faltaba algo. Lo que necesitaban era cierta clase de integración que rara vez vi modelada y jamás oí explicada.

Estoy agradecido a mis estudiantes de *Trinity Evangelical Divinity School* (Instituto de Teología Evangélica La Trinidad), quienes fueron pacientes oyentes a la vez que críticos mientras desarrollaba mis ideas en la clase. De igual manera, la congregación de la Capilla Arlington Countryside me ayudó con sus respuestas sinceras a mis mensajes durante algunas series expositivas en los pasados años. Otros me han ofrecido su estímulo y a menudo su crítica valiosa: John R. W. Stott, Lloyd M. Perry, David L. Larsen, los anónimos lectores del manuscrito y, sobre todo, Mark Hunt y Stanley N. Grundy de la Casa de Publicaciones Zondervan.

Debo mi profunda gratitud por el apoyo estimulante de mis hijos David, Holly y, especialmente, Beverly, quien mecanografió el manuscrito.

Primera Parte

INTRODUCCIÓN

Capítulo uno

La importancia de la predicación expositiva

¿Qué es la predicación expositiva?

¿Cuál de los siguientes es un mensaje expositivo?

El pastor Brown ha seleccionado Gálatas 2:20 como su texto. Cuidadosamente trata acerca de cada frase en el versículo. Dedicando más o menos el mismo tiempo a cada subdivisión principal en su bosquejo, habla en cuanto a la crucifixión del yo como el único camino a la victoria espiritual, la importancia del poder de la resurrección de Cristo en nuestra vida, el andar diariamente por fe y el amor sacrificial de Cristo.

El pastor Gray ha estado predicando una serie basada en Primera de Pedro. El pasaje del día era 1 Pedro 3:13-22. Predicó el evangelio basándose en el versículo 18 ("Cristo padeció una sola vez por los pecados"). Habló exhaustivamente acerca de los "espíritus encarcelados" mencionados en el versículo 19. A partir de este versículo recalcó la certidumbre del juicio. Luego hizo hincapié en la necesidad del bautismo como un medio de identificación con la muerte de Cristo, para lo cual se basó en el versículo 21.

El pastor Green era predicador invitado en una iglesia en la cual, según sentía, debido al intento de relacionarse a las necesidades personales de la congregación, y subsanarlas, el evangelio parecía ser dejado a un lado. Habló basándose en Romanos 5:1-11. En lugar de basar el bosquejo de su sermón en las principales oraciones del pasaje, estructuró su sermón en las cláusulas y frases subordinadas, tales como "por la fe" y "por medio de nuestro Señor Jesucristo" en el versículo 1, "el amor de Dios ha sido derramado. . ." en el versículo 5, "siendo aún pecadores" en el versículo 8 y "fuimos reconciliados. . . por la muerte de su Hijo" en el versículo 10.

El pastor White predicó sobre el tema: "¿Qué clase de fe funciona?"

"Me temo de vosotros, que haya trabajado en vano con vosotros" (v. 11). El "trabajo" a que se refiere comenzó con su visita anterior a ellos, la cual él procede ahora a describir.

Tomó el pensamiento del final de Hebreos 10, especialmente de los versículos 35-39 y tomó la mayor parte de su material del capítulo 11. Seleccionó ejemplos que ilustraban la clase de fe que Dios busca en nosotros, incluyendo ejemplos de la lista de aquellos que sufrieron por su fe según los versículos 32-38. Proporcionalmente, dedicó una gran porción del tiempo a estos dos versículos, y también incluyó los primeros tres versículos del capítulo 12.

¿Cuál fue un mensaje expositivo? El primero, pronunciado por el pastor Brown, pudiera haberlo sido, aun cuando se concentró en un solo versículo. Sin embargo, falló al no tomar en cuenta el contexto, el cual trata de la justificación por la fe aparte de la ley. Dejó sin atender el impresionante doble uso de la palabra "ley" en el versículo 19, lo cual atrae la atención como aquello a lo cual "morimos." También descuidó el versículo siguiente, que provee la conclusión al pasaje. Si hubiera estudiado cuidadosamente esa conclusión y observado el contexto completo, hubiera visto que su sermón era en realidad una colección de sus pensamientos favoritos en cuanto a la vida espiritual, los cuales impuso, incorrectamente, sobre el texto.

El predicador Gray, en su serie de sermones, había llegado a uno de los pasajes más difíciles del Nuevo Testamento. Quienes hemos tratado de predicar recorriendo un libro de la Biblia, pasaje por pasaje, le comprendemos. Este pasaje no puede ser evitado en una serie así. Sin embargo, en su esfuerzo por tomarlo en cuenta, se enredó demasiado en el enojoso asunto de la identidad de los espíritus encarcelados. Por otro lado, falló al no dar una exposición pareja del pasaje, y se apresuró demasiado para aplicar sus partes. En el proceso introdujo sus propios puntos de vista, aun cuando estos fueran verdaderos e importantes, y fracasó por cuanto no aplicó el pasaje en la misma manera en que Pedro lo aplicó en su contexto.

El predicador Green parece haber cometido el pecado cardinal de hacer hincapié en detalles menores y restar importancia a las cláusulas principales del pasaje. Pero el pastor Green tenía una comprensión aguda de la necesidad particular de esta congregación. Esta ya había escuchado bastante en cuanto a la paz y el amor. Lo que necesitaban era conocer la *base* de esto en la muerte de Cristo y en la obra del Espíritu Santo. Además, necesitaban darse cuenta de que todos son pecadores, y que ninguno puede reclamar paz y gozo sin arrepentimiento y fe. El predicador Green se dio cuenta de que estas verdades son básicas en Romanos 5, y las aplicó en una manera que fue fiel al texto. Su mensaje fue, por consiguiente, expositivo.

Puesto que el hermano White predicó un sermón de tema, pudiéramos dar por sentado que no fue expositivo. Pero, al contrario, entendió la función de Hebreos 11 en su contexto y en la Epístola a los Hebreos como un todo. En lugar de predicar simplemente acerca de la lista de los "héroes de la fe", ancló su mensaje en las declaraciones importantes que concluyen el capítulo previo. También mostró a dónde conduce esto, al mirar brevemente al principio del capítulo 12. De esta manera también colocó la base para el próximo sermón. Pero, ¿cómo puede llamarse expositivo a su sermón temático si no recorrió paso a paso todo el capítulo? La razón es que su tema fue derivado del propósito y enseñanza del pasaje. El tema es claro desde el final del capítulo 10. El no impuso su tema sobre el pasaje; sino que permitió que el pasaje determinara el tema. Luego mostró cómo el pasaje respaldaba su propia afirmación: la clase de fe que funciona es la que mira a Dios y persevera incluso en ausencia de cualquier apoyo visible. El mensaje fue realmente expositivo porque explicó el propósito del autor y las enseñanzas del pasaje. Clarificó las verdades esenciales del pasaje y preparó el camino para que el predicador las aplicara a la situación contemporánea de su congregación.

La predicación expositiva es un ideal esquivo. Muchos predicadores aspiran a lograrla, tal vez un buen número piensa haber conseguido dominarla, pero en realidad es más que probable que muy pocos son reconocidos como expertos en ella. Los ejemplos que anteceden dejan en claro que la predicación expositiva no es un método estrechamente definido de bosquejar el texto. No significa simplemente seguir el pasaje frase por frase. De igual manera, un mensaje puede tratar meticulosamente con los detalles del vocabulario y de la gramática, y todavía dejar sin explicar la enseñanza y aplicación que fue la intención del autor. Nuestra primera tarea, por consiguiente, es determinar la *naturaleza* y las *características* esenciales de la predicación expositiva.

En lugar de comenzar con una definición de la predicación expositiva, empezaremos con una consideración de la *exposición* como un concepto básico. La esencia de la exposición es *explicación*. Si explico algo, soy razonablemente libre para escoger mi propio método, pero tengo que ser fiel a mi tema. Si se me pide explicar la operación de una computadora, no tendría la libertad de escoger y seleccionar ciertos aspectos del asunto que tienen interés particular para mí. Yo sería responsable de explicar, en equilibrio adecuado, los elementos básicos de la teoría de las computadoras, su construcción, su lenguaje y su operación. A menos que esté dando una conferencia técnica sobre la ciencia de las computadoras, mi charla probablemente se enfocaría en la operación, con apenas la cantidad suficiente de información en cuanto a la teoría como para que la operación fuera comprensible. Además, en una sesión de adiestramiento para operadores, la "operación" debe incluir no sólo "cómo trabajan" esas máquinas sino también "cómo trabajar con ellas".

Sin un contenido substancial de clara explicación, balanceado en su cobertura de todos los aspectos principales, una exposición no será confiable. Sin aplicación práctica, la exposición es simplemente descripción. Si la exposición es explicación, la predicación expositiva es explicación aplicada.

La *naturaleza* esencial de la predicación expositiva es, por lo tanto, predicación que explica un pasaje de manera tal como para guiar a la congregación a una aplicación verdadera y práctica de ese pasaje. No hay un método único por el cual esto se consigue, pero ¿hay algunas *características* que son comprensibles en todos los mensajes verdaderamente expositivos? Permítasenos sugerir las siguientes:

1. Un mensaje expositivo *trata con un solo pasaje básico de la Escritura*. Las referencias a otros pasajes son siempre directamente relevantes a la enseñanza del pasaje que se tiene entre manos, que la ilustran o que la respaldan. Un mensaje expositivo puede ser también un mensaje temático, con la condición de que derive la información esencial de su tema a partir de un pasaje de la Escritura. La referencia a otras porciones de la Escritura es subordinada a la exposición del pasaje principal.

2. Un mensaje expositivo tiene *integridad hermenéutica*. Es fiel al texto. Esto significa que reproduce los elementos significativos del pasaje, con el mismo equilibrio y con la misma intención del autor original. No omite ni distorsiona ninguna cosa esencial del mensaje de ese texto, ni siquiera para respaldar doctrinas verdaderas o propósitos loables. El texto no es una caja de caramelos de la cual uno selecciona sus dulces favoritos. Es la Palabra de Dios, que se nos ha dado para que nos dirija no para que nos sirva. El sermón sirve al texto; no lo usa. Si el sermón no muestra conocimiento y respeto del género literario, del propósito original, de la dirección de la narración o del argumento, y del significado y aplicación que intenta el texto, no es expositivo. Tal es el caso, sin importar cuánto o con cuánta frecuencia cite y se refiera al pasaje. Este es el caso, incluso si el mensaje individual es parte de una serie de sermones sobre un libro de la Biblia.

3. Un mensaje expositivo tiene *cohesión*. Es muy posible dar muchas opiniones exegéticas en cuanto a cosas tales como vocablos, o tiempos de los verbos, y sin embargo no lograr concatenar todas las "joyas" en un todo usable. Tal vez se llegue a extraer la verdad

doctrinal, y se llegue a observar los imperativos éticos; pero, a menos que haya cohesión, el valor de las partes se pierde por la falta de un todo.

4. Un mensaje expositivo tiene *movimiento y dirección*. Una exposición puede tratar en forma amplia todos los elementos de un pasaje, y sin embargo dejar de llevar al oyente en la dirección que intentaba el escritor bíblico. Hay varias maneras en las cuales un autor puede expresar tal movimiento. A menudo cláusulas subordinadas que expresan, por ejemplo, causa, efecto, propósito o comparación, expresarán esto mejor que las oraciones principales. En realidad, es muy probable que algunas de las principales ideas del escritor se hallen en las oraciones subordinadas (subordinación sintáctica no necesariamente significa subordinación de conceptos, ya que los autores griegos a menudo ponen partes de oraciones largas dentro de frases subordinadas, por razones de estilo). La repetición de palabras y varias expresiones de emoción son, entre otras, maneras en que el movimiento y dirección puede ser expresado.

5. Un mensaje expositivo tiene *aplicación*, y esa aplicación no violará el propósito ni la función del texto en su situación original. Además, sin aplicación es sólo exposición y no predicación expositiva. Es información, no un mensaje. Aun cuando el Espíritu de Dios puede complacerse en conducir a la congregación a alguna aplicación incluso si el predicador no la hace, el predicador no debe atreverse a abdicar su responsabilidad de ser el portavoz, profeta o evangelista de Dios.

¿Por qué es importante la predicación expositiva?

El aspecto más importante de la predicación expositiva es que comunica la revelación bíblica de Dios y su voluntad. Dada la subjetividad del predicador, las limitaciones de la mente humana, el efecto del pecado en incluso nuestros mejores pensamientos, y el devastador efecto del subjetivismo de la teología moderna, es más que probable que un sermón contendrá algún error en cuanto a hechos o juicios. Por lo tanto, cuanto más cerca estemos a la Palabra revelada de Dios, tanto menos inclinados estaremos a caer en el error. Esto no es decir que un mensaje expositivo es la única clase válida de sermón. Es nada más afirmar que cuanto más cerca conservemos las Escrituras a su propio contexto, tanto menos probabilidad hay de que erremos, y más seguridad tendremos en la declaración de la verdad de Dios. Esto tampoco quiere decir que un mensaje expositivo siempre expresa el mensaje de Dios para la situación. Ciertamente es posible ser insensible a la necesidad de la congregación o a la dirección del Espíritu, y sin embargo dar una exposición que puede ser exacta, aunque inapropiada para la situación o impropiamente aplicada. Por eso la función y aplicación pastoral del pasaje recibe atención especial más adelante en este libro.

Otro aspecto importante de la predicación expositiva es que enseña la Palabra de Dios en un ambiente escogido por el Espíritu Santo. Cada persona que estudia la Biblia sabe que el contexto es importante. Pero el contexto es difícil de observar y reproducir en una congregación a menos que hagamos una exposición amplia y abundante. ¿Significa esto que debo escoger entre un mensaje temático y uno expositivo? No, porque aunque los dos ciertamente son diferentes en su formato básico, es posible, como veremos más tarde, estructurar una o más "miniexposiciones" en forma de un bosquejo temático. Hay, por supuesto, un peligro en extraer principios o en citar versículos fuera de su propio contexto para apoyar mis puntos ("textos de prueba"). Derivar de lo que algunas veces se da en llamar una "verdad eterna" o principio es una manera importante de aplicar la Escritura a nuestra situación actual. Pero es ciertamente posible, en nuestro deseo de hacer una aplicación contemporánea, representar equivocadamente el significado del pasaje original. De igual manera, los textos de prueba tienen su uso, pero debemos estar seguros de que preservan el significado que tenía en su propio contexto. Los escritores del Nuevo Testamento a menudo usaron textos de prueba del Antiguo Testamento independientemente de su contexto, pero esto fue siempre bajo la inspiración especial del Espíritu Santo. El Espíritu que inspiró el texto original, y que sabía su propia intención, fue capaz de evitar que los escritores del Nuevo Testamento lo usaran equivocadamente. Nosotros, sin embargo, no tenemos la misma inspiración y protección de error humano, y por lo tanto debemos tener mayor cuidado en observar el flujo de pensamiento que se expresa en el contexto. Por consiguiente, en tanto que "sacar principios" y presentar "textos de prueba" es, cuando se hace apropiadamente, una metodología válida, dar una exposición de un solo pasaje es una manera más segura de presentar la Escritura de acuerdo con su intención contextual que un mensaje temático.

El tercer aspecto de importancia de la predicación expositiva es que ella satisface las necesidades humanas. En tanto que es verdad que un mensaje expositivo puede ser exacto sin ser pastoral, la Palabra de Dios es más grande que el sermón. Dada la debilidad del predicador, es más probable que una explicación de un pasaje hablará más a las necesidades humanas que lo que una presentación de mis propias observaciones sobre un tema podría hacerlo. Creo que aquí hay una aplicación válida de Isaías 55:11. La promesa, que en su contexto se relaciona a la proclamación de la profecía, es: ". . . mi palabra. . . hará lo que yo quiero, y será prosperada en aquello para que la envié." Hay aquí una implicación en cuanto a la eficacia de la Palabra de Dios para producir las condiciones de su reino, la cual puede compararse con Romanos 1:16: ". . . el evangelio. . . es poder de Dios para salvación a todo aquel que cree." Sea que se relacione a los asuntos de las naciones o a los del corazón humano, la Palabra de Dios lleva su propia autoridad y poder. No hay en absoluto comparación entre la eficacia de incluso el mejor sermón y la Palabra de Dios en sí misma. Por lo tanto, la exposición fiel de la Palabra de Dios es la manera más segura de satisfacer la necesidad humana de esa Palabra. Sin embargo, es necesaria una palabra de precaución en este punto. Un pasaje seleccionado al apuro, y explotado irreflexivamente por un predicador insensible a las necesidades pastorales, no es necesariamente la Palabra que Dios quiere usar ese día para conseguir sus propósitos. El pasaje de Isaías que se ha citado no garantiza que toda Escritura que se lee en una congregación es aquella por la cual Dios va a hablar. Quiere decir que la Palabra de Dios es eficaz para lograr sus deseos y conseguir sus propósitos.

El cuarto aspecto es que la predicación expositiva es importante porque dirige la atención del oyente hacia la Biblia. El propósito del predicador no debe ser sencillamente subsanar una necesidad el domingo por la mañana, sino preparar a la congregación para que satisfaga sus necesidades durante toda la semana. No debe ponerse a sí mismo en el lugar de autoridad o de recursos, sino que debe dirigir la mente y el corazón hacia el Señor. La Palabra de Dios en sí misma proporciona esa autoridad y esos recursos. El pastor sabio y humilde mostrará a los que integran su congregación cómo ir a la Escritura por sí mismos, como entenderla y como aplicarla. Más adelante consideraremos la función del predicador al modelar el estudio bíblico, pero el punto aquí es que un sermón expositivo impresionará más a la congregación con el hecho de que la Palabra de Dios, no el predicador, es su autoridad y recurso fundamental.

El quinto aspecto es que la predicación expositiva es importante porque hay una gran necesidad, ampliamente sentida (si bien no reconocida conscientemente), de la enseñanza de la Palabra de Dios de una manera que satisfaga las verdaderas necesidades de la gente. El pueblo de Dios merece sermones mucho mejores que superficiales o trillados. Está hambriento del verdadero pan. Al mismo tiempo hay congregaciones que escuchan pacientemente a los graduados de seminarios, expertos en exégesis y teología, pero que no saben cómo "poner el bocado al alcance de los pequeños", de modo que todos puedan tomar algo. La incapacidad de servir la Palabra de Dios en bocados pequeños sólo perpetua el hambre. La buena predicación expositiva no *impresiona* a la congregación; la *alimenta*.

Por último, la predicación expositiva puede servir como una protección importante contra la interpretación impropia de las Escrituras. Por varias razones, tales como una pobre preparación bíblica del predicador, hermenéutica coja, o simple ociosidad, para no mencionar la distorsión deliberada, muchas congregaciones actuales están sujetas a interpretaciones antojadizas e inválidas del texto. La "espiritualización" (derivar una lección espiritual al mismo tiempo que se pasa por alto el verdadero significado del pasaje) es tan común como una plaga. Sospecho que como resultado de un modelo pobre en el púlpito, millares de creyentes "espiritualizan" la Biblia en sus devociones diarias, en un esfuerzo de "sacar del pasaje una bendición" para el día. Algunos libros devocionales también sientan un mal ejemplo en esto. Los calendarios con versículos bíblicos también contribuyen igualmente, si es que procuran generar algún pensamiento devocional desde un versículo separado de su contexto. El lugar en el cual se puede contrarrestar mejor esta tendencia es el púlpito, y la manera de contrarrestarla es la predicación expositiva. Cuanto más cerca se mantenga el predicador al contexto, tanto menos probable será que "espiritualice" un versículo. La espiritualización todavía puede realizarse, incluso en la exposición, si el predicador ignora la verdad e intención expresada en el contexto. Pero si tanto él como su congregación están alerta, pronto esto se hará evidente, y se podrá corregir la práctica equivocada.

¿Cuáles son las ventajas de la predicación expositiva?

En esta sección derivaremos algunas implicaciones ulteriores de los comentarios hechos previamente, y añadiremos algunas observaciones prácticas. La diferencia entre la sección previa y la presente es que la anterior sienta los fundamentos del propósito mismo de la predicación, en tanto que lo que sigue también incluye lo que pudiéramos llamar asuntos de simple conveniencia para el predicador.

La primera ventaja es que podemos tener más confianza de predicar la voluntad de Dios cuando predicamos su Palabra. La verdadera exposición aumenta esa confianza y el sentido de autoridad que brota de ella. "Así dice el Señor" es una afirmación tradicional y resonante. ¡Mejor asegurarnos de que está acompañada por la fiel representación de lo que el Señor realmente dijo!

La segunda ventaja es una consecuencia de la primera. En la predicación expositiva nos confinamos a la verdad bíblica. El subjetivismo queda reducido al mínimo. El temor que todos tenemos (o deberíamos tener) de subir al púlpito y ser portavoces del error queda reducido al mínimo cuando sabemos que nuestro sermón es un vehículo para la verdadera Palabra de Dios.

La tercera ventaja es que a medida que predicamos de la Escritura proclamamos "todo el consejo de Dios" en lugar de exponer nuestro tema favorito. Por supuesto, siempre se puede torcer un pasaje, distorsionar o enfatizar demasiado una parte, de manera que se represente mal la verdadera intención y el énfasis del pasaje completo. Dando por sentado, sin embargo, que la exposición es fiel al texto, su contexto y su propósito, el sermón debe estar libre de excentricidades personales.

La cuarta ventaja es que el contexto de un pasaje por lo general incluye su propia aplicación. Esto proporciona dirección sobre cómo debe aplicarse el pasaje hoy día. Esto requiere estudio serio de las circunstancias que hay en el trasfondo del pasaje, y del flujo del pensamiento a través de todo el libro; pero esto ya es parte de la tarea del expositor. Al permitir que un pasaje cumpla hoy la misma función que cumplió en su situación original, podemos evitar un desquiciamiento embarazoso entre el cuerpo del sermón y la conclusión. Si conocemos cabalmente cómo funcionó el pasaje en su ambiente original, no estaremos perdidos en cuanto a cómo hacerlo "práctico".

Una quinta ventaja es que las Escrituras a menudo proveen de una estructura literaria que puede formar la base de un bosquejo para el sermón. Más adelante aprenderemos cómo observar no sólo el flujo obvio de cláusula a cláusula, sino también los "modelos" que, algunas veces casi desapercibidos, reflejan los pensamientos y sentimientos íntimos del escritor. Estos "modelos" pueden proporcionar excelentes sugerencias para bosquejos de sermones.

Una sexta y muy provechosa ventaja de la predicación expositiva es que podemos incluir temas delicados en el curso de una exposición en secuencia, sin ser importunos. Cada pastor sabe cuán difícil es tratar con ciertos asuntos delicados, especialmente si la congregación los asocia con algunos de sus miembros. La tensión puede ser mucho menor si tales asuntos son claramente parte del contexto al que se ha llegado en el curso normal de una serie expositiva. Además, al tratar estos asuntos a medida que aparecen en la serie, el predicador tiene una base más amplia que la que podría tener de otra manera para tratarlos. No necesita tomar tiempo extra para la orientación del contexto, porque ya ha sido explicado. Si el tema o asunto es un caso de estudio de un personaje bíblico, tal vez tenga ya establecido un cuadro general del individuo y haya explicado ya las circunstancias y sucesos de trasfondo. Si el tema es un asunto doctrinal o ético, un marco de referencia básico teológico ya está en su lugar. Consecuentemente, un asunto delicado puede ser tratado mucho más ampliamente, y en el contexto mucho más amplio de la Escritura y la teología

Otras ventajas pueden acudir a la mente, pero la última que consideraremos aquí es que la predicación expositiva da al predicador una excelente oportunidad de modelar el estudio bíblico. Ya hemos observado que una razón por la cual la predicación expositiva es importante es que dirige la atención del oyente a la Biblia, antes que sólo al predicador. Pero los oyentes necesitan saber no sólo que la Escritura "tiene la respuesta", sino cómo encontrar esa "respuesta" por sí mismos. Si salen de la iglesia asombrándose de cuánto el predicador pudo encontrar en el texto, quizá nunca tengan el valor de investigar el texto por sí mismos. Si el predicador les muestra *cómo* él halló los puntos de su sermón en el texto, tal vez esté trocando un misticismo fácilmente desechable por una valiosa oportunidad de enseñanza. Si, en el proceso, tiene que sacrificar algo de la vena del sermón con el fin de exponer el fundamento sólido, bien vale la pena. Normalmente hasta eso no será necesario, porque al seguir el flujo del texto puede estar produciendo una mucho mejor estructura del sermón.

Para abundar un poco más, me gusta visualizar una página gigante de la Escritura entre la congregación y yo. Hacia mí está el lado con el texto desde el cual he preparado mi mensaje. Del otro lado está la traducción o versión que a la mayoría de mi congregación le agrada leer. Aunque yo puedo haber derivado algunas de mis subdivisiones a partir del texto griego o de una traducción con la cual la congregación no esta familiarizada, me aseguro de dirigir su atención a la correspondiente lectura en la versión que ellos conocen. Pienso en mi sermón como un diálogo, no entre dos, sino entre tres: la congregación, el texto y yo mismo. Trato de hacerle preguntas al texto, y permitir que él, como si pudiera hacerlo, hable por sí mismo. Al avanzar en mi sermón, trato de aclarar (desde mi imaginaria gigantesca página de la Escritura) dónde encontré mis divisiones y cómo llegué a mis conclusiones. Lejos de destruir el diálogo entre el pastor y la congregación, esto nos mantiene, a las dos partes, conscientes de que lo que estamos escuchando es la voz de Dios mediante su Palabra. Si el predicador se somete a la autoridad del texto, y muestra a la congregación cómo lo entiende, al permitir que el sermón en sí mismo sea el modelo, habrá recorrido gran trecho en cuanto a preparar al pueblo de Dios para su propia vida y ministerio (Efesios 4:11-13).

El doctor Paul White, el "Médico de la selva", dijo hace algunos años que en los primeros tiempos de la medicina misionera en el Africa, encontró que era inútil importar camas de tipo occidental para el hospital de la selva. Los pacientes no estaban acostumbrados a tal tipo de camas, y cuando retornaban a sus casas, volvían a dormir en las mismas condiciones insalubres de humedad como antes. Sin embargo, usando sencillas camas hechas de madera y correas de cuero fácilmente conseguibles, pudieron modelar para los pacientes un tipo de cama que podían hacer por sí mismos. Los pacientes, entonces, retornaban a sus hogares, y por imitación, podían mejorar las condiciones en que dormían. Un mensaje expositivo es mucho mejor modelo para el estudio de la Biblia y para asegurarnos de la voluntad de Dios para nuestra vida personal que lo que es un sermón temático o algún tipo más complejo que no crece simple o directamente del texto bíblico. Todos aprendemos mejor al observar un buen modelo. El predicador que usa su tiempo y energía para llevar a cabo clases de métodos de estudio bíblico (dando por sentado de que tiene tal interés), pero que fracasa por no proporcionar un modelo en el ambiente más natural que tiene a mano, sus mensajes semanales, difícilmente está actuando sabia o eficientemente.

¿Cuáles son las metas de la predicación expositiva?

Esencialmente las mismas que las de cualquier otra predicación. Esto pudiera ser sorprendente porque hay quienes piensan que la exposición es apropiada principalmente, e incluso únicamente, para la enseñanza.

La predicación expositiva es un excelente medio de evangelización. Muchos piensan erróneamente que hasta que una persona llegue a ser creyente, todo lo que debe dársele es grandes dosis del evangelio, y nada más que del evangelio. Enseñarle cualquier otra cosa les parece lo mismo que echar perlas a los cerdos. Este es un punto de vista extremadamente miope. Cuanto más sepa la persona al momento de su conversión acerca de la doctrina y la vida cristiana, tanto más progreso hará en los primeros días de su vida nueva. Una buena porción de lo que se conoce como seguimiento o conservación de resultados ya ha tenido lugar. Otra cosa, incluso más importante: predicar el evangelio en el contexto de la exposición es predicarlo en forma más completa. El evangelio es en sí mismo básico y simple; pero da por sentado que ya se sabe una buena cantidad de verdad fundamental. Predicar pasajes que presentan el carácter y los atributos de Dios, la persona y obra de Cristo, la condición humana y otras doctrinas, ciertamente no va en detrimento del evangelio. Por el contrario, lo que hace es preparar el camino para el evangelio, respaldarlo y abarcarlo. Una de las críticas que con justicia se ha presentado contra algunas sectas es que sacan los versículos bíblicos de su contexto.[1] Esto puede ser contrarrestado mejor al predicar el evangelio en su contexto. ¡Cuán insensato y pobre es predicar sobre Romanos 3:23: "Por cuanto todos pecaron, y están destituidos de la gloria de Dios" (¡lo cual no es ni siquiera una frase completa!) dejando fuera su contexto, el cual trata de la rectitud de Dios, la justificación, la redención, la propiciación y el significado de la sangre derramada de Cristo. Esto no quiere decir que un mensaje debe tratar de cada uno de estos temas. Lo que significa es que el hecho de la culpa humana tiene significado sólo en referencia a las otras verdades presentadas en ese pasaje. De seguro el evangelio es presentado más exactamente y con una apelación más urgente cuando se presenta en toda su plenitud. Una de las metas de la predicación expositiva, y que a menudo es dejada a un lado, es la predicación del evangelio.

Otra meta es ministrar a las necesidades humanas. De alguna manera hemos caído en la falacia lógica de pensar que si el sermón se relaciona a las necesidades actuales no puede ser expositivo, y viceversa. Todo lo contrario. Es cuando separamos un texto o una idea de su contexto bíblico que incurrimos en el peligro de separarlo también de su campo de acción real de la vida. Sin excepción, cada pasaje de la Escritura tiene tal campo de acción. No siempre es obvio, y tal vez requiera estudiar algo del trasfondo religioso y social de la situación del autor, de la de los lectores (u oyentes) originales y de la de las figuras o sucesos en los evangelios y en el libro de Hechos para poder entenderlo. Incluso aquellos pasajes que parecen ser impersonales, como algunas porciones en la carta a los Efesios, que no están claramente ligados a una situación de una iglesia local, tienen una aplicación personal. Dejar de llevar a la congregación al escenario del pasaje es una falta en la cual los expositores fácilmente pueden incurrir. Por alguna razón parece ser más fácil, o más apropiado, derivar un principio general que ayude a la congregación a identificarse con una situación de la vida o con un personaje en el contexto del primer siglo del Nuevo Testamento, y tomar decisiones éticas apropiadas para su propia vida mediante tal identificación. ¿No es acaso la predicación expositiva, hecha apropiadamente, el mejor vehículo para ayudar a nuestros contemporáneos a descubrir cómo Dios satisfizo las necesidades, y dio guía en las oscuras experiencias de gente "semejante a nosotros" (Santiago 5:17)?

Con seguridad una meta similar es declarar la voluntad de Dios para su pueblo, su Iglesia. Pero una de las más grandes faltas nuestras es buscar esa voluntad en un versículo aislado, al cual se llegó tal vez al azar. El problema que yace debajo de esto es que fracasamos al no darnos cuenta de que la necesidad de guía para una decisión específica en nuestra vida rara vez existe de manera aislada. A menudo va ligada a un sinnúmero de sucesos, con principios éticos de amplio alcance, y con las metas de nuestra vida. Con frecuencia tales decisiones afectan también la vida de otros. Nuestra necesidad más grande es conocer los caminos de Dios. Es decir, necesitamos conocer el carácter de Dios y la manera en que a través de los siglos El ha ejecutado su voluntad. Moisés oró: "Te ruego que me muestres ahora tu camino, para que te conozca, y halle gracia en tus ojos" (Exodo 33:13). Juan nos dice que cuando Jesús y sus discípulos vieron los millares de personas que se habían reunido para escuchar sus enseñanzas, Jesús le preguntó a Felipe: "¿De dónde compraremos pan para que coman éstos?" Para entonces Felipe ya había estado con Jesús suficiente tiempo como para haber aprendido algo en cuanto a sus "caminos". Debía haber sido capaz de saber lo que Jesús podía hacer, lo que había hecho en circunstancias parecidas de necesidad humana, y lo que sería característico que El haría en esa situación. La exposición continua y fiel de la Palabra de Dios debería prepararnos hoy para tomar decisiones basadas en nuestro conocimiento de los "caminos" de Dios.

Otras metas pueden mencionarse, y muchas más se verán cuando analicemos la "función" de un pasaje en su situación bíblica y actual. En general, sin embargo, podemos decir que la predicación expositiva debe motivarnos en tales asuntos como la fe, la obediencia y el crecimiento espiritual. ¿De qué manera viene la fe por el oír (Romanos 10:17)? En ese contexto Pablo ha estado hablando de la "palabra de fe" que está disponible de inmediato para nosotros. No es necesario hacer un gran esfuerzo para alcanzar a Dios, porque El ha puesto su Palabra salvadora cercana a nosotros. Por cierto, si deseamos estimular la fe o cualquier otra respuesta deseable del corazón, el medio más seguro es hacer más cercana la Palabra de Dios. De igual manera, cuando explicamos la Escritura, debemos hacerlo con objetivos específicos de respuesta espiritual en mente. Uno de los sustitutos más comunes para la predicación expositiva es lo que yo llamo en otros lugares simple descripción. Es posible presentar un pasaje en forma exacta y ordenada, despertando gran interés y apreciación de parte de la congregación, pero de una manera totalmente sin objetivo. El sermón concluye, el culto se acaba y la congregación se va, sin ninguna motivación para cambiar su vida de ninguna manera. Tal vez eso haya sido exposición, pero ciertamente no *predicación expositiva*.

Cuando consideramos las metas en conexión con la predicación expositiva, pensamos naturalmente en la enseñanza de la doctrina o la teología. El ejemplo más común es probablemente la reafirmación de las doctrinas que se hallan en las epístolas paulinas. Mientras que es tarea continua del teólogo sistemático sintetizar las verdades bíblicas y colocarlas en interacción significativa con las estructuras contemporáneas de pensamiento, y en tanto que la teología siempre debe informar y corregir nuestra predicación, la mejor comunicación de las verdades divinas no siempre se da mediante proposiciones. Al permitir que la Escritura enseñe la verdad en el contexto en el cual fue dada originalmente, usamos al mismo tiempo un excelente método de enseñanza. En un sentido, al enseñar la doctrina mediante la predicación expositiva estamos usando una variación del método de estudio de casos. En lugar de hacer subjetiva la verdad, intentando explicarla en términos de la vida contemporánea, ¿no es mejor hacerla objetiva en el contexto de la Escritura, y luego aplicarla a la vida contemporánea? La Palabra de Dios es verdad (Juan 17:17). ¡Qué mejor manera de enseñar la verdad que enseñar la Palabra! Además, trasmitir y presentar a la congregación la verdad encerrada en el pasaje requiere planeamiento deliberado de parte del predicador. Una preparación descuidada puede pasar por alto no sólo variaciones sutiles del significado, sino también afirmaciones intrépidas acerca de Dios y su mundo, no necesariamente en declaraciones proposicionales, sino de otras maneras igualmente claras. La enseñanza doctrinal debe siempre estar en la mente como meta de la predicación expositiva.

Nuestro descuido típico contemporáneo de la adoración también se refleja en la predicación. Una meta del sermón, y sin duda la más elevada, debe ser la adoración a Dios y la exaltación de su nombre. El sermón tiene un lugar central en la liturgia reformada. La clase apropiada de sermón puede tener un lugar muy significativo en la adoración en cualquier iglesia cristiana. Lamentablemente, el sermón se preocupa tan a menudo sólo en la condición humana, que su función como un medio de adoración es relegado a un plano muy secundario. Predecesora a esta situación, si acaso no su causa, es la falta de admiración y reverencia en los estudios de teología en el seminario. Si en nuestra experiencia en el seminario Dios es nada más que un tema de debate, Dios será entonces sólo un tema más en nuestra predicación. Cuando dejamos de reconocer la santa presencia de Dios en su propia Palabra corremos gran riesgo. La fatal experiencia de Uza, que tocó el arca para sostenerla (2 Samuel 6:6, 7), puede darnos una buena lección aquí. El Antiguo Testamento enseña claramente que Dios es conocido por su nombre y exaltado por su nombre. Sugiero que en cierto sentido las Santas Escrituras presentan el nombre de Dios a medida que revelan su carácter y sus atributos santos. Si mi sermón no da "a Jehová la gloria debida a su nombre" (Salmo 29:2), ha fracasado por no alcanzar su meta primordial. La predicación expositiva debería dirigirnos a la Palabra; la Palabra debería dirigirnos a Dios. Estar en la presencia de Dios exige que lo adoremos.

¿Cuáles son las dificultades de la predicación expositiva?

En tanto que algunas de las ventajas mencionadas anteriormente en realidad hacen que la predicación expositiva sea más fácil que otros tipos (por ejemplo, al proporcionar un bosquejo ya listo incorporado en el pasaje), no hay duda de que esta clase de predicación contiene algunas dificultades peculiares.

La más obvia es que exige un estudio minucioso del pasaje. No estamos en libertad de examinar superficialmente algún versículo usado con anterioridad, o escoger al azar algunas doctrinas favoritas que encontramos aquí y allá. Por honor estamos obligados a hacer lo posible por lograr una buena comprensión de todo el pasaje. No podemos descuidar palabras significativas, ni la construcción sintáctica ni las doctrinas destacadas. Una de las etapas finales en la construcción de un órgano es "afinar" los tubos. Debido a que los tubos son de diferente material, tamaño, y se hallan colocados en distintas posiciones, si se afinan incorrectamente sonarían en forma desigual. El artesano experto, que da los toques finales a la instalación, necesita afinar los tubos para hacer que suenen melodiosamente y en forma equilibrada. Un sermón que adolece de adecuada preparación de todas las partes del pasaje resultará sin equilibrio. Puede quedar distorsionado no sólo algo de la belleza sino, peor aun, algo de la verdad.

No hay que exagerar las dificultades que se enfrentan en la preparación de un pasaje, pero sospecho que muchos predicadores ponen demasiado esfuerzo innecesario en su preparación. Estoy convencido de que la clase de instrucción exegética que muchos estudiantes han recibido en el seminario los deja pensando que la preparación exegética de un sermón consiste en hacer un análisis de los vocablos, diagramarlos y estudiarlos a profundidad. En consecuencia, dedican una cantidad extraordinaria de tiempo al estudio de los detalles, en tanto que el estudio relativamente más productivo del pasaje en términos de su estructura literaria, el flujo del pensamiento, y cosas por el estilo, queda descuidado. No hay manera más segura en los seminarios para desalentar la predicación expositiva que la pedantería del profesor o el penoso trabajo de parte del estudiante. La meta de este libro es cerrar la brecha entre la exégesis y la homilética. La brecha es más grande de lo que debería ser, por la manera limitada y académica en que muchos estudiantes aprenden la exégesis griega. Más adelante se dan sugerencias para remediar la situación.

Una segunda dificultad, relacionada con la primera, es la necesidad de observar sólidos principios de hermenéutica. En realidad, esto debería hacerse cualquiera que sea la clase de sermón que uno predica, porque cualquier sermón incluye (o debe incluir) la enseñanza de la Escritura. Sin embargo, si el sermón es expositivo, cualquier equivocación hermenéutica puede desquiciar toda la presentación, y resultar en predicar un error. El predicador debe haber estudiado un buen curso de hermenéutica en el seminario. Debe tener presente lo que ha aprendido, repasar sus libros de texto y sus notas, o, si no ha tenido tal curso, por lo menos leer un buen libro sobre hermenéutica antes de intentar la predicación expositiva.[2]

Otra dificultad semejante es que la buena predicación expositiva requiere constante atención al contexto más amplio del libro e incluso del cuerpo de escritos (por ejemplo, los escritos paulinos). Necesitamos asegurarnos de que estamos representando apropiadamente la enseñanza del escritor, y no sacando conclusiones superficiales, y por lo tanto erradas, de un pasaje aislado. En forma similar, la exposición de uno de los evangelios será enriquecida en la medida en que observo la contribución particular de ese evangelio en comparación con los otros. La crítica de la redacción puede ser de gran ayuda en este punto. Cuando pensamos en la crítica de la redacción en su forma más escolástica, o sea, escarbando por ocasiones en los evangelios, en las cuales el escritor de un evangelio en particular ha distorsionado la tradición, o añadido ideas de su propia cosecha, sin que sea parte de la verdadera tradición de las palabras y obras de Jesucristo, natural y lógicamente vemos poca o ninguna ayuda (y muchos problemas) para el predicador. Sin embargo, cuando la vemos y la empleamos como un medio de observar la perspectiva singular de cada escritor de los evangelios acerca de la persona, la enseñanza y la obra del Señor Jesucristo, bajo la guía del Espíritu Santo, tenemos a mano una disciplina muy valiosa para la predicación expositiva.

Cuanto más extensa y concienzudamente haya estudiado todo el Nuevo Testamento, tanto mejor informado estará el predicador y más rico deberá ser su mensaje. Esto no significa que constantemente estará refiriéndose a otros pasajes. Esto puede perturbar el hilo del pasaje que se tiene entre manos, y dar un modelo pobre de estudio bíblico. (Muchos estudios bíblicos fracasan debido a la constante distracción de las referencias cruzadas.) El predicador sabio y experimentado sabe cómo tejer la trama de su sermón a partir de la información contenida en el pasaje, entrelazándola con hilos compatibles tomados de otros pasajes relevantes.

Una cuarta dificultad en la predicación expositiva es que para ser fiel al texto original debe prestar atención a la forma literaria (narrativa, parábola, poesía, etc.) del pasaje y de su contexto. Más adelante veremos cuán importante es esto. Por ahora simplemente observemos que hay ocasiones en las cuales la forma, o el género, de cierto pasaje es parte del mensaje. Esto es quizá más obvio cuando estamos predicando sobre una parábola o alguna otra figura del lenguaje, pero está confinada a tales casos. Por ejemplo, antes de poner mucho énfasis en las palabras de saludo, o en la oración de apertura de una carta paulina, debemos saber algo en cuanto a los convencionalismos literarios que se empleaban en el primer siglo al escribir cartas. No digo esto para desanimar a nadie en la realización de la tarea, por implicar que ella requiera un experto, sino para llamar la atención al hecho de que la Biblia es literatura. Como cualquier otra literatura, sigue o se aparta de los convencionalismos de su tiempo. Afortunadamente, los buenos comentarios explican tales asuntos. Mi ruego aquí es sencillamente que prestemos atención a tales observaciones cuando éstas ocurren en los comentarios, en lugar de desecharlas como simplemente académicas. Saber que Pablo transforma un convencionalismo epistolar en un saludo distintivamente cristiano (por ejemplo: "Gracia y paz a vosotros, de Dios nuestro Padre y del Señor Jesucristo" Efesios 1:2) nos dice mucho en cuanto al escritor y su mensaje.

La última dificultad que queremos mencionar en este punto es la que tiene que ver con el enlace del pasaje a las necesidades de la congregación. Un predicador que predica temas, que selecciona un tema fresco semana tras semana, posiblemente puede ponderar más las necesidades pastorales actuales de la congregación que lo que puede hacerlo un predicador expositivo, puesto que para éste el tema está ya bastante bien delimitado por el próximo pasaje en una serie. El remedio para esto incluye varios ingredientes. Uno es ejercer cuidado inicialmente, al seleccionar el libro en sí mismo, teniendo en mente los varios temas de los que tratará. Otro es observar la función de cada sección en su ambiente original. Un tercero es tener presente que el mismo pasaje, aun cuando tiene una sola interpretación exegética básica, puede ser aplicado con integridad de varias maneras. La oración de Pablo en Efesios 3, por ejemplo, puede ser predicada como un ejemplo de oración, como una doctrina, como una contribución al hilo del pensamiento en Efesios, o en forma específica con respecto a la necesidad personal a la que se dirige, todo sin hacer violencia al texto y sin ignorar su significado básico en ese contexto El predicador que no está dispuesto a llevar sus preocupaciones pastorales a su estudio será un simple erudito, y no un sanador de almas en su púlpito. Las preocupaciones pastorales, como cualquier otra carga, es, por definición, muy pesada. No se aligera al escoger el método expositivo de predicación. Por el contrario, el expositor necesita tener inclusive una conciencia mayor de tal carga para no olvidarla.

Lo que *no es* la predicación expositiva

Indudablemente, muchos participamos de la estimación bastante común de la predicación expositiva. Sabemos que la gente que tiene hambre de la Palabra de Dios la quiere. Tal vez hemos notado que algunas de las iglesias con mayor asistencia son aquellas cuyos pastores son expositores. Pensamos en G. Campbell Morgan, Martin Lloyd-Jones, John R. W. Stott, y sentimos el deseo de imitarlos. De alguna manera, no obstante, sentimos (y peor, también nuestras congregaciones) que algo hace falta en nuestro intento de predicar expositivamente. Recuerdo a un predicador, merecidamente popular, que le dijo a su congregación una mañana que su mensaje iba a ser expositivo. Empleó no poco tiempo ensalzando la predicación expositiva. Pero entonces procedió a predicar lo que, a pesar de sus buenas intenciones y muchas cosas valiosas, no fue sino una colección de pensamientos espirituales que de cuando en cuando conectaba peregrinamente a alguno de los versículos del pasaje. Al final el oyente tenía muy poca idea de la dirección y enseñanza básica del pasaje en sí mismo. Algunas veces la manera en que tratamos un pasaje no es más fiel a su significado que aquella que usan algunas de las sectas que criticamos. Son nuestras convicciones evangélicas y nuestra conciencia doctrinal lo único que evita que empleemos mal el pasaje al punto de la herejía. Lamentablemente, esto puede ocurrir incluso bajo el ropaje de predicación expositiva. Algo peor todavía es que puede ocurrir incluso aun cuando tengamos la impresión de que estamos predicando expositivamente sólo porque tenemos un pasaje abierto delante de nosotros, y nos referimos a él con frecuencia durante el sermón. Tal vez algunos ejemplos pueden aclarar estas cosas.

La predicación expositiva no es una exégesis versículo por versículo. La mayoría de los expertos y predicadores de la Palabra hacen una distinción entre la exégesis y la exposición. Algunos comentarios tienen secciones separadas para las dos, aunque aun en tales casos la distinción puede ser seriamente nebulosa. La diferencia no es sencillamente que la exposición puede tener algunas ilustraciones y una aplicación como conclusión. El paquete entero, envoltorio y contenido, es diferente. En la exégesis se estudia cada parte de la oración griega, haciendo cuidadoso análisis tratando de entender con exactitud cada verdad que se presenta. En gran medida esto es hecho renglón por renglón. En la predicación expositiva, por otro lado, se estudia el pasaje como un todo, dando atención al hilo del pensamiento y a la secuencia de los sucesos. La función del pasaje en su ambiente original es puesta frente al ambiente de la congregación. Las necesidades de la congregación son colocadas frente al pasaje para ver qué relevancia pueden tener sus enseñanzas a las preocupaciones pastorales. Como vimos en las ilustraciones al principio, un sermón puede ser realmente expositivo aun cuando no siga rígidamente el orden del pasaje, siempre y cuando explique y aplique el texto. Por el contrario, un sermón puede seguir tesoneramente el texto y no conducir a ninguna parte en lo que respecta a las preocupaciones pastorales. Tal sermón no es expositivo. En años pasados (espero que ya no) a menudo hice exégesis en el púlpito, en gran medida debido a que me daba cuenta del hambre profunda y extendida por la enseñanza de la Palabra de Dios. Finalmente me di cuenta de que uno puede enseñar y a la vez fracasar por no alimentar ni inspirar. Pienso (y otra vez, así lo espero) que mis sermones actuales no son menos informativos sino mucho más beneficiosos y de ayuda.

La predicación expositiva no es sencillamente un comentario de corrido. No es una serie de pensamientos sueltos, sin mayor conexión real al pasaje, y que adolece por la falta de estructura homilética y aplicación apropiada. Tal procedimiento es menos riguroso que la exégesis o la exposición, y puede ignorar importantes aspectos de la forma, estructura, semántica e hilo del pasaje. Los otros comentarios en cuanto a la exégesis versículo por versículo, ya indicados anteriormente, también se aplican aquí.

La predicación expositiva no es el examen de un pasaje que se hace en puntos o subdivisiones. Por eso quiero indicar las presentaciones típicas, tales como: "1. La contención de Saulo, 2. La conversión de Saulo, 3. La comisión de Saulo" (Hechos 9:1-19). En mis propios círculos pienso que he escuchado más sermones de este tipo que de cualquier otro. Suenan muy bíblicos porque se basan en un pasaje de las Escrituras, pero su error básico es que tienden a ser más bien descriptivos antes que pastorales. Les falta una meta clara o una aplicación práctica. Es posible que la congregación se quede sin ninguna idea de lo que el pasaje está tratando, y sin haber recibido ninguna enseñanza clara en cuanto a Dios o a sí misma. Todo tiende a estar en tercera persona. Me abstengo de comentar sobre la aliteración. Esta clase de predicación puede ser útil para que sea más fácil recordar. Sin embargo, tal vez atraiga demasiado la atención hacia la capacidad del predicador más bien que a la intención y el significado de las Escrituras. Hay otros peligros incluso más serios. La búsqueda de un bosquejo memorizable puede llevar fácilmente al predicador a ignorar ciertas partes del texto, sencillamente porque no encajan fácilmente en tal esquema. Hay el peligro, por tanto, de omisión. Aún más, hay el peligro del desequilibrio. El predicador puede aprovechar un detalle relativamente subordinado del pasaje, y darle prominencia porque se ajusta a su bosquejo, a costa de alguna parte vital del pasaje que tiene la mala fortuna de no encajar en su esquema. Otro peligro adicional es que puede cegar al predicador con respecto a ciertas relaciones internas, ideas, doctrinas y otros detalles importantes del pasaje, y consecuentemente ocultarlos de la congregación. Elementos de composición lógica tales como los de causa y efecto pueden perderse completamente en tal examen hecho en subdivisiones.

Desde el punto de vista homilético, esta clase de sermón puede parecer mejor que una exégesis versículo por versículo o un comentario de corrido, pero tal vez no lo sea. El ejemplo que mencioné de Hechos 9 es estéril. No logra poner al oyente y al texto en una relación vital mutua. El oyente es nada más que eso: oyente. Se sienta pasivamente, escuchando una descripción verbal de la experiencia de Pablo. Esa experiencia es uno de los sucesos más vívidos, emocionantes y significativos del Nuevo Testamento; pero no lograrán enseñar nada, ni motivar ni tener ningún impacto siquiera a menos que sus elementos sean aplicados pastoralmente. El estudio en subdivisiones, o titulares, si es simplemente descriptivo, no es ni buena predicación expositiva ni buena homilética.

Casi no hay necesidad de abundar más en este catálogo de intentos marginales o sustitutos de la predicación expositiva. Podemos hablar de otros dos tipos, en polos opuestos el uno del otro, y simplemente aplicar algunas de las observaciones indicadas arriba. En un extremo está el sermón que consiste nada más que en comentarios sueltos de algunos versículos selectos. Este es el más subjetivo, faltándole tanto la estructura como la autoridad del pasaje como un todo, por un lado, y la estructura y el valor comunicativo de la integridad homilética, por el otro. En el otro extremo está el sermón cuyo bosquejo sigue rígidamente las principales cláusulas del pasaje. Esto puede parecer ser fiel al pasaje; pero, como vimos en las ilustraciones del principio, es posible que se escapen los principales puntos *lógicos*, que quizá no estén expresados en las cláusulas principales. Es posible que homiléticamente no sea nada mejor que el examen en subdivisiones si no logra compaginar en forma pastoral la situación de la vida de la Escritura con la de la congregación.

Los sustitutos de la predicación expositiva mencionados a menudo comparten dos faltas básicas. (1) Pueden fracasar en ser fieles al énfasis, doctrina y función del pasaje. (2) Pueden fracasar por no poseer las cualidades que harían un mensaje homiléticamente sólido y pastoralmente aplicado.

¿Cómo puede hacerse contemporánea la predicación expositiva?

La pregunta implica que no lo es. Esto puede llevarnos a inferir que la Palabra de Dios no es relevante. El clamor por predicación relevante ha sido escuchado ya por varias décadas. Desafortunadamente ha habido una reacción a ello, y se ha escuchado a algunos predicadores decir que la Palabra de Dios no necesita ser hecha relevante; que ya es relevante. ¡Por supuesto que lo es! Pero el Nuevo Testamento es un libro del primer siglo, escrito en un lenguaje extraño a los ciudadanos del mundo occidental y procedente de una cultura del Cercano Oriente. Nosotros no tenemos el mismo trasfondo, ambiente, emociones y otras características similares que tenían los oyentes originales de la Palabra.

Ha habido bastante estudio, en años recientes, relativo a la comprensión de los textos antiguos. Los principios de hermenéutica se han expandido con nuevos conceptos e incluso nuevas presuposiciones filosóficas. Se nos ha advertido que es demasiado fácil ver las Escrituras a través de la criba de nuestro propio entendimiento. Mucho se está escribiendo con relación a cuán lejos podemos ir, y en qué direcciones, al adaptar las imágenes y terminología al ambiente cultural de una nación, de una tribu o de un grupo actual. Las cuestiones son complejas, suficientemente difíciles para el estudioso, pero casi imposibles para aquel cuya educación previa no incluye el debate contemporáneo y reciente con respecto a estos asuntos, en sus aspectos filosófico, lingüístico y literario.

Bajo la superficie de la discusión se halla la idea de que jamás podremos arribar al verdadero significado del texto porque nuestro "horizonte" nos impide alcanzar una percepción nada distorsionada del "horizonte" del escritor bíblico.[3] "Horizonte" en este sentido expresa el límite de nuestra percepción y conocimiento, así como el horizonte literal marca el límite hasta donde puede llegar nuestra visión de la superficie de la tierra. Cuando un lector se acerca a un libro que fue escrito y leído en un tiempo, lenguaje y cultura diferente de la suya propia, estas "brechas" (para cambiar la imagen por un momento), hacen difícil que entienda el mensaje en la misma manera como lo entendieron los lectores originales. No acepto la idea de que la tarea de "fundir" los "horizontes" bíblico y contemporáneo sea tan difícil como para hacer inútil el intento.

En realidad, el expositor debe también tratar con las realidades de diferentes "horizontes" incluso de su propio tiempo. Sabemos que la palabra "padre", por ejemplo, significa algo completamente diferente en Africa, Alemania, China, los Estados Unidos, o América Latina. Incluso aun en la misma ciudad un niño de una familia pobre, abandonada por el padre, puede tener una percepción y sentimientos en cuanto a un "padre" completamente diferentes que los que tendrá el hijo de una familia de la clase pudiente y acomodada.

Uno pudiera pensar que tales brechas hacen irrelevante la predicación expositiva y que constituyen un obstáculo para la comunicación pastoral. El hecho es más bien que la buena predicación expositiva ayuda a cerrar la brecha entre el antiguo mundo romano y el nuestro. Lo hace *a condición de que*: (1) el predicador tenga conocimiento de las dos culturas y los dos horizontes; (2) haya hecho "su tarea", estudiando todo lo que pueda en cuanto al trasfondo y el recuadro conceptual del pasaje (incluso un breve vistazo a un diccionario o enciclopedia bíblicos puede proporcionar valiosas perspectivas); (3) tome en cuenta el nivel de conocimiento bíblico, experiencia con el cristianismo y la subcultura evangélica, el nivel educativo, y el ambiente socio-cultural de su congregación; y (4) lleve con cuidado a su congregación al ambiente del pasaje entre manos antes de derivar principios.

Esta tarea no es tan difícil para el expositor del Nuevo Testamento como lo es para el del Antiguo, el cual es aún más remoto en tiempo y costumbres. Sin embargo, las aparentes similitudes pueden ser engañosas. Cualquiera que ha vivido en Europa puede testificar del número de costumbres y perspectivas que son muy diferentes a las que imperan en los Estados Unidos, por ejemplo, aunque ambos sectores pertenezcan al mundo occidental. Un buen ejemplo de esto son los conceptos totalmente distintos en cuanto al tiempo.

Una vez que se han reconocido las diferencias, y uno ha "vivido" en el ambiente bíblico en que tiene lugar el pasaje que se estudia, el predicador necesita analizar cuidadosamente y "sentir" internamente el significado de los acontecimientos, las palabras (y más que las palabras, las unidades semánticas como, por ejemplo, las frases), las descripciones de los personajes, las enseñanzas y cosas similares, mirándolas todas ellas en el propio ambiente de las mismas. Luego necesitará decidir lo que más se aproxima a esto en el ambiente en que vive. Esta es la misma ruta que debe tomar la persona que está haciendo una traducción dinámica de las Escrituras, o de cualquier otra obra antigua. Ejemplos específicos de esto se verán más adelante en este libro.

¿Cuáles son, en resumen, las características de un buen mensaje expositivo?

Primera, comunica fielmente el mensaje básico de un pasaje bíblico.

Segunda, comunica bien ese mensaje, empleando estructura y detalles que son apropiados tanto para el pasaje como para el ambiente y los objetivos del sermón.

Tercera, atiende las necesidades reales de la congregación de una manera compatible con el propósito y la función del pasaje en su ambiente original, y es predicado por un siervo de Dios lleno e inspirado por su Espíritu.

Podemos simplificarlo aún más al identificar tres preocupaciones:

1. Hermenéutica (la preocupación bíblica del maestro)
2. Homilética (la preocupación práctica del predicador)
3. La Necesidad Humana (la preocupación personal del pastor)

El bosquejo más lacónico de estos tres sería:

1. Datos
2. Forma
3. Función

El fracaso de los intentos de predicar expositivamente se deben, según puedo observar, a la falta de una o más de estas características. Son como una silla de dos patas, inestable en su mejor aspecto, peligroso en el peor.

No tengo conocimiento de ningún libro que intente lograr un equilibrio entre estas tres características, y que proporcione una buena base exegética que sea útil para los predicadores, estén o no familiarizados con el texto griego.

Para cambiar la ilustración, el enfoque que se hace aquí puede compararse al puente Triboro de la ciudad de Nueva York. Ese puente conecta los tres distritos de la ciudad: Manhattan, Bronx y Queens. Por medio de él uno puede cruzar de uno de ellos a cualquiera de los otros dos. Así el predicador, durante su preparación, debe "cruzar" entre los tres aspectos de los datos, la forma y la función, trabajando constantemente con cada uno, en equilibrio con los otros dos. El extremo del puente que más fuertemente recorreremos en este libro es el exegético, pero el equipaje que se toma allí será entregado constantemente a cada uno de los otros extremos, el homilético y el pastoral. Debemos mantener el puente abierto en todas las tres direcciones, si vamos a ser verdaderos maestros, predicadores capaces y pastores fieles.

He hecho una lista de los tres aspectos de modo de concluir con "función", porque normalmente pensamos en la aplicación como la parte final del sermón. Para propósitos de la preparación del sermón, sin embargo, la función del pasaje bíblico en su contexto y la aplicación del texto a las necesidades congregacionales deben ser consideradas *antes* de estructurar el sermón. Por lo tanto, el orden que se sigue en las siguientes páginas de este libro será: datos, función y forma.

Segunda Parte

LA PREPARACIÓN
DEL TEXTO

Capítulo dos

Los datos: Exégesis práctica

Examine el contexto

Aun cuando es posible que estemos conscientes de la necesidad de observar el contexto, puede ser que algunos necesitemos ampliar nuestros horizontes en cuanto a la clase de información que debemos buscar en el contexto. Debemos también tener presente que el trasfondo social y religioso es parte del "contexto".

Observe el trasfondo

Uno de los aspectos más emocionantes del estudio actual del Nuevo Testamento es la reconstrucción del trasfondo social de los evangelios y las epístolas. Este estudio es mucho más amplio que las investigaciones anteriores, las cuales por lo general han estado limitadas a ciertos pasajes problemáticos (por ejemplo, el velo que usaban las mujeres, según 1 Corintios 11). Estudios recientes van desde los intentos de reconstruir el trasfondo social que motivó la escritura de los evangelios, hasta estudios sobre Pablo y la cuestión de los estratos sociales en Corinto, para nombrar algunos.[4] Tal información no sólo nos ayuda a guiar la interpretación del pasaje, sino que también proporciona excelentes ilustraciones para el sermón. Muchos sermones son ricos en ilustraciones contemporáneas (como deben serlo), pero carecen de la forma patética en lo que se refiere a la vida, los sucesos, las tensiones, las emociones, las personalidades y otras cuestiones que contribuyen al color del trasfondo del Nuevo Testamento. Mientras que es cierto que el predicador promedio tiene poco tiempo y oportunidad para leer la mayoría de los libros y revistas más recientes en cuanto a estos temas, por lo menos puede buscar con regularidad referencias en una buena enciclopedia o diccionario bíblicos. En la actualidad hay una gran diversidad de obras,[5] y el no usarlas empobrece al predicador y a su congregación.

Hechos 16 nos provee de un excelente ejemplo de cómo puede ayudarnos la información del trasfondo. Geográficamente, Filipos se hallaba situada en la ruta de Asia Menor hacia Grecia. Esto es parte de la transición en la obra misionera del Este hacia el Oeste, y también la primera parada principal después de la visión del "varón macedónico" que tuvo Pablo en Troas. Era una colonia romana, y una ciudad destacada. Tendría, sin duda, fuertes costumbres locales, aparte de la individualidad propia de una "colonia" (en este caso, habérsele concedido una situación especial cuando un elevado número de combatientes que regresaban de la guerra se establecían allí). Tenía fuertes contactos con Roma. Pablo, por lo tanto, era muy vulnerable como extraño, pero protegido como ciudadano. Su insistencia en ciertos derechos como ciudadano romano fue prontamente atendida (v. 37). No había allí sinagoga judía, un hecho que tal vez refleja cuán pocos judíos había en esa región, en contraste con la mayoría de las otras ciudades que Pablo había visitado. Las misiones principales de Pablo fueron llevadas a cabo en ciudades con una numerosa población judía, tanto como con gran actividad comercial, buenas carreteras a otras ciudades, y una guarnición de tropas romanas. Aquí, al parecer, no había ni siquiera diez hombres judíos, que era el número mínimo requerido para establecer una sinagoga. Las mujeres se reunían fuera de las puertas de la ciudad para la oración. Esto era en parte por la costumbre, y tal vez también porque los romanos preferían conservar los cementerios y los cultos religiosos foráneos fuera de los límites de la ciudad, puesto que ambas cosas les eran repulsivas. Esto también dice algo en cuanto a la recepción que era más probable que Pablo recibiera en su calidad de misionero extranjero. Lidia era de Tiatira, una ciudad famosa por su tintura púrpura. Uno queda con la impresión de que era una mujer de empresa. Rápidamente ella se convirtió en creyente, como lo hizo más adelante el carcelero en el mismo capítulo. Al parecer respondió toda su familia (como también la del carcelero). Esto era natural en épocas en que la familia era una unidad grande (una "extensa familia", más los esclavos y otros) y la tendencia era secundar la decisión del jefe de familia cuando éste tomaba una decisión. (Cuando consideramos las primeras "iglesias cristianas en hogares" no debemos pensar en las familias minúsculas del día de hoy, en las cuales sólo hay uno o dos padres y dos o tres hijos.)

La muchacha esclava en el mercado ejercía un trabajo común y lucrativo en aquellos días: adivinar la suerte. Hay muchas historias en cuanto a adivinos ambulantes. Era una esclava, tanto como lo eran muchos (en Roma quizás un tercio de la población era esclavo). Su pregón no era para respaldar a Pablo y Silas, como pudiera parecer a primera vista, sino una advertencia contra ellos. Su descripción nos puede sonar como terminología cristiana, pero términos tales como "salvación", y "el Dios Altísimo", eran comunes entre los no cristianos. Aunque lo que ella decía era verdad, no provenía de una fe personal sino de una influencia demoniaca. El escritor satírico Luciano, en su obra "Alejandro el falso profeta", nos provee de una interesante perspectiva en cuanto a la práctica de decir la suerte, y las ganancias monetarias que esto producía. Con la pérdida de ingresos, después del exorcismo de la muchacha esclava, sus propietarios trajeron a Pablo y a Silas al foro (el centro de actividades en una ciudad antigua), delante de las autoridades. Debido a la *gravitas* romana, aquella sobria dignidad que hacía a los romanos intolerantes de las religiones orientales estáticas o inmorales, y debido a la reverencia por las leyes y costumbres antiguas, incluyendo las tradiciones religiosas estables, las autoridades locales se sentían incómodas en cuanto a los cultos foráneos. Esto explica la acusación: "Estos hombres, siendo judíos, alborotan nuestra ciudad, y enseñan costumbres que no nos es lícito recibir ni hacer, pues somos romanos" (vv. 20, 21). Pablo y Silas fueron echados en la cárcel después de ser azotados. El lector moderno quizá se pregunte asombrado por qué no hubo juicio, y necesita que se le informe que en los tiempos antiguos la gente podía ser echada en la cárcel o metida en calabozos sin ningún juicio ni sentencia. No era raro que un gobernante encarcelara a cualquier persona que llegaba a considerar como una amenaza (Jeremías y Juan el Bautista).

Estas observaciones ilustran algo de la clase de información que se puede adquirir en cuanto al escenario o ambiente en que se desarrolla un pasaje. Mucho de esto puede hallarse en comentarios, tanto como en diccionarios de la Biblia o en enciclopedias bíblicas. Cuanto más "descripción del ambiente" en que ocurre la acción proporciona el predicador, tanto más fácilmente la congregación podrá identificarse con las circunstancias bíblicas. Cuanto más comprendamos las corrientes intelectuales y religiosas de una situación, tanto mejor podremos entender y aplicar el mensaje bíblico a nuestro tiempo. Cierta vez, habiendo sido invitado a enseñar en una clase grande de una escuela dominical, decidí ver cuán bien podría enseñarse el pasaje, dando solamente la información de trasfondo señalada anteriormente en cuanto a Hechos 16. Pedí que la clase hiciera sus propias aplicaciones contemporáneas prácticas y espirituales a partir de eso. La respuesta fue inmediata y tan buena como cualquier maestro bien adiestrado pudiera haberla hecho. Habiendo "vivido" en Filipos, y habiéndose identificado a sí mismos con las experiencias de Pablo y de Silas, los alumnos fueron perfectamente capaces de hacer la aplicación a su propia situación.

Adquiera un sentido de la dirección del pensamiento

La importancia de esto se ve en el ejemplo de Gálatas 2:20, que ya dimos en el capítulo 1. Todos hemos oído mensajes basados en este versículo que han fracasado porque no han llegado a comunicar el mensaje básico del pasaje. Pablo está escribiendo acerca de la justificación en el contexto más amplio tanto como en el contexto inmediato. Progresando con cuidado en su presentación, en los versículos 11-16 ha estado tratando la cuestión en lo que se refiere a los judíos y a los gentiles. En los versículos 17-19 llega al punto crucial cuando las cuestiones llegan a estar claramente definidas, y el lenguaje se torna fuerte. En el versículo 19 la premisa básica se presenta con mucha claridad, y se refuerza por el texto griego cuando se repite el vocablo "ley" vez tras vez en la mitad de la cláusula, una vez en el genitivo y otra vez en el dativo: *dià nómou nómo*. Esto es muy significativo para cualquiera que observa con cuidado el texto griego, incluso aunque tenga poco o ningún conocimiento del griego. Para cualquiera que pone atención al contexto y a la dirección del pensamiento es obvio que Gálatas 2:20 *debe* ser interpretado en términos de justificación y del papel de la ley. Esto es reforzado en el siguiente versículo, el 21.

Note el "tejido conjuntivo" entre el texto y su contexto

Tomando nuevamente Gálatas 2 como ejemplo, vemos que se indican las ideas significativas por *modelos de pensamiento* (la idea de justificación), *modelos verbales* (la palabra frecuentemente repetida, "ley"), y un *modelo estructural* (La yuxtaposición de las palabras, *nómou nómo*, "por la ley... para la ley"). Tales modelos que corren a través del pasaje y a través del texto seleccionado para la predicación dan un sentido de dirección como la huella que una rueda deja en cemento fresco. Al seguir esa huella hay un sentido de continuidad. Estos modelos funcionan como el tejido conjuntivo que evita que el texto flote en forma aislada.

En contraste al modelo verbal de Gálatas 2, que sirve para llevar el *mismo* tema de versículo en versículo, hay un modelo en Santiago que sirve para ligar pasajes con temas *sucesivos*. Este es un modelo, no necesariamente de palabras clave, sino de palabras llamativas. Por ejemplo, la última palabra (en el orden original) en Santiago 1:4 es "que os falte" (*leipómenoi*). Esto sirve como una palabra llamativa, que introduce el siguiente versículo, "Si alguno tiene falta (*leípetai*) de sabiduría..." Aunque este es un tipo diferente de modelo, todavía nos ayuda a seguir el pensamiento del autor, y puede ser útil no sólo para la interpretación sino también para estructurar el mensaje con referencia al contexto.

Efesios 1:10 proporciona otro ejemplo en cuanto a establecer un tema al observar palabras repetidas y otros modelos. ¿Cuál es el significado de la declaración de que la voluntad de Dios es "reunir todas las cosas en Cristo, en la dispensación del cumplimiento de los tiempos, así las que están en los cielos, como las que están en la tierra"? ¿Cómo encaja esto en el contexto? ¿Por qué se halla en los primeros versículos de la epístola, la cual al parecer tiene como tema a la iglesia? El estudiante del griego también querrá saber cómo entender el infinitivo, *ánakefalaiòsasdai*, "reunir. . . bajo una cabeza". ¿Es un infinitivo de propósito o es explicativo, o sea, que explica alguna palabra o frase previa (tal vez, aquí, "el misterio de su voluntad" en el v. 9)? La mejor manera de tratar correctamente el texto en un caso así es examinar el contexto para ver los modelos de pensamiento, los modelos verbales y los modelos estructurales. Al hacerlo así emerge un modelo muy claro y total que involucra todos los tres tipos. Ligada integralmente con el resumen de las bendiciones en la primera parte del capítulo, y con la acumulación de ideas alrededor del Padre (vv. 3-6), el Hijo (vv. 7-13), y el Espíritu Santo (vv. 13, 14), se halla la idea repetida del *propósito* y el *plan* de Dios. Nótese lo siguiente: "la voluntad de Dios" (v. 1), "nos escogió. . . para que fuésemos. . ." (v. 4), "habiéndonos predestinados para ser. . ." (v. 5), "el puro afecto de su voluntad", (v. 5), "para alabanza de. . ." (v. 6), "sabiduría e inteligencia" (v. 8), "el misterio de su voluntad" (v. 9), "su beneplácito, el cual se había propuesto en sí mismo" (v. 9), "en la dispensación del cumplimiento de los tiempos" (v. 10), "asimismo tuvimos herencia" (v. 11), "habiendo sido predestinados" (v. 11), "conforme al propósito" (v. 11), "del que hace todas las cosas según el designio de su voluntad" (v. 11), "a fin de que" (v. 12), "para alabanza. . ." (v. 12), "fuisteis sellados" (v. 13), "la arras" (v. 14), "para alabanza de. . ." (v. 14). Los modelos verbales y estructurales son aun más evidentes en el griego, donde hay una interesante repetición de las formas, tales como el uso de *eis* con un sentido de finalidad, "para", o "hacia", o "como el fin de" en los versículos 5, 6, 12, 14.

Con este modelo claramente delante de nosotros, no es difícil ver que ya sea el infinitivo del versículo 10 de finalidad (propósito) o explicativo (qué es "el misterio de su voluntad"), en este contexto tan estrechamente entrelazado tiene que expresar el clímax del propósito y plan de Dios. Cristo debe ser reconocido como la cabeza del universo. Todo lo que existe será traído a una relación significativa en y bajo Cristo. Un estudio del verbo, *anakefalaióo*, revelará las grandes implicaciones de tal palabra. A partir de este gran clímax en el capítulo 1, Pablo pasará a mostrar cómo la misión de la Iglesia incluye su propia sumisión a Cristo, con todos los miembros de la iglesia unidos bajo El. Esta unidad, un "misterio" descrito en el capítulo 3, se observa incluso ahora en los seres sobrenaturales (3:10, al cual sigue otra serie de términos que tienen que ver con propósito y plan). Todo esto explica también el significado del "llamamiento" de 4:1. Los sermones sobre Efesios deberían, por consiguiente, mostrar cómo las diversas partes de la Epístola se relacionan al tema de los propósitos y planes de Dios indicados en el capítulo 1.

Tales modelos proporcionan el "tejido conjuntivo" entre los pasajes de diferente género en la literatura del Nuevo Testamento. Por ejemplo, en los evangelios necesitamos hallar el significado de las parábolas en sus propios contextos. Eso quiere decir que necesitamos ver la conexión entre la metáfora extendida de una parábola y la enseñanza directa de Jesús. En Lucas 16, la parábola del mayordomo injusto, o "supervisor astuto", es notoriamente difícil de interpretar. Como se le llama "deshonesto" hacia la conclusión antes que al principio de la historia, es posible pensar que su deshonestidad consistió en las acciones que ocurren dentro de la misma historia. Sin embargo, el amo no calificó tales acciones de deshonestas sino de sagaces. El adjetivo "infiel" al parecer tuvo que ver con lo que precipitó su despido al principio de la historia. Pero si era deshonesto a fin de cuentas, ¿por qué no llamarlo así sino hasta el final del relato? La respuesta se ve en un modelo de repetición. La palabra griega para "deshonesto", *ádikos* (v. 8), procede de la raíz *adik*. Esta raíz ocurre también en *adikías*, ([riquezas] "injustas", v. 9), *ádikos*, ("injusto", dos veces, v. 10), y *adíko*, otra vez en la expresión para "riquezas injustas" (v. 11). La palabra "deshonesto" fue, por consiguiente, reservada hasta el fin de la historia para proveer una "palabra llamativa". Esta palabra llamativa da comienzo a un modelo verbal que sirve para conectar la parábola con su interpretación. ¿Fue deshonesto el supervisor? Vivimos en un mundo de falta de honradez. ¿Empleó él medios astutos? Tenemos a nuestro alcance algunos medios que pueden también emplearse en forma astuta, pero que a menudo son considerados dudosos, o "mundanos". "Los hijos de luz" (v. 8) deben encontrar maneras sagaces para usar sus "riquezas injustas", este "mamón de injusticia". El dinero del supervisor probablemente pronto se terminaría, junto con su trabajo. Probablemente lo mismo ocurriría con su casa, dando por sentado que era mayordomo en una casa grande, de modo que necesitaría amigos que lo acogieran "en sus casas" (v. 4). Jesús traslada este recuadro general a la interpretación al referirse al tiempo "cuando éstas [las riquezas mundanas] falten", y cuando nosotros también tengamos nuevas casas, las "moradas eternas" (v. 9).

En este punto otro modelo entra en el cuadro. Es la repetición de palabras que tienen que ver con lo que es digno de confianza: "fiel" (*pistòs*, dos veces en v. 10), "confiará" (*pisteúsei*, v. 11), "fieles" (*pistoì*, vv. 11,12). Ser digno de confianza es tan esencial para ser un buen mayordomo como lo es el uso sabio del dinero. Primera a Corintios 4:2 dice que cada uno de los administradores (mayordomos) debe ser hallado "fiel" (*pistós*, la misma palabra que en Lucas 16). El supervisor de la presente historia, sin embargo, no fue fiel; fue deshonesto. Por lo tanto, ser digno de confianza es lo opuesto a la deshonestidad. Los dos modelos de palabras se agrupan alrededor de estas dos cualidades opuestas de deshonestidad y ser digno de confianza. Se espera que los cristianos sean dignos de que se les confíe "lo verdadero [lo de Dios]" (v. 12). Tales modelos, una vez reconocidos, no sólo proporcionan una clave para la interpretación de una parábola difícil, sino que también proporcionan igualmente una estructura para un sermón.

Este modelo es parte de uno más amplio que se halla en el capítulo 16. La próxima sección trata con valores (v. 15), y con selección (v. 13). Una vez más, el tema se relaciona al dinero ("los fariseos, que eran avaros. . ." es la única declaración a tal efecto en las Escrituras). La siguiente sección contiene la historia del rico y Lázaro. Esto se conecta con la anterior por una tercera referencia a la riqueza, la que el rico perdió cuando murió. Un bosquejo sugestivo de este capítulo (aun cuando quizá un poco demasiado "ingenioso"), que liga todas estas referencias al dinero, podría ser: "Uselo" (vv. 1-12); "No lo prefiera" (vv. 13-18); "Lo perderá" (vv. 19-31). ¿Distorsiona un bosquejo temático así el contenido? La respuesta debe ser un "Sí", si consideramos las enseñanzas *dentro* de cada sección, porque hay otros temas que están incluidos. Sin embargo, el bosquejo no distorsiona el modelo en *conjunto total*, porque la conexión temática entre las secciones se halla en las diversas actitudes de las personas hacia la riqueza. No sólo eso, sino que si Carlos Talbert tiene razón,[6] el capítulo 16 es parte de un modelo mucho más amplio que Lucas emplea en esta parte de su evangelio. Este modelo consiste en una sucesión de temas, que se repiten en orden inverso.

Para ilustrar esto, seleccionando solamente dos de los temas sugeridos, encontramos la "oración" como un tema al principio del capítulo 11:1-13; "posesiones", 12:13-24 y repetido en el capítulo 16, y "oración" otra vez en el capítulo 18:1-8. Es interesante que en el capítulo 12, el cual es evidentemente paralelo al capítulo 16, vemos los mismos temas generales que en el capítulo 16, pero en orden inverso. El tema "Lo perderá", tercero en el capítulo 16, puede ciertamente aplicarse a la primera sección del capítulo 12, la historia del rico insensato (12:13-21). "No lo prefiera" también puede describir 12:22-31 ("No os afanéis por... qué comeréis o... qué vestiréis... Mas buscad el reino de Dios, y todas estas cosas os serán añadidas"), y "Uselo" es apropiado también para los versículos 32-34 del capítulo 12 ("Vended lo que poseéis y dad limosna" v. 33). Aun cuando debemos tener cuidado de no estirar tales modelos, cuando están claramente presentes podemos hacer buen uso de ellos al predicar.

Note las características y temas dominantes del pasaje

En una conocida anécdota, el científico Louis Agassiz se hallaba instruyendo a un estudiante sobre la importancia de la observación. Después de haber pasado varias horas explicando meticulosamente los detalles que había observado en un pez, el estudiante no había logrado comprobar, a satisfacción de Agassiz, que había observado todo lo que había de importante. Finalmente, según cuenta la historia, el estudiante exclamó: "¡Por supuesto, el pez es igual por ambos lados!" El predicador que estudia modelos verbales, sintácticos y de otro tipo en un pasaje, puede estar pasando por alto algunas características obvias. Al mismo tiempo estas características pueden ser muy claras para su congregación. Esto puede ser especialmente cierto si el predicador se deja arrastrar por algunos temas favoritos que reciben especial énfasis en su círculo denominacional. Una persona que visita un culto en su iglesia, y cuya mente tal vez no está en la misma onda, puede notar en el texto cosas obvias que son pasadas por alto en el sermón. El resultado puede ser no sólo que quedan ignorados importantes temas principales, sino que el oyente pierde confianza en el predicador porque éste al parecer ha preferido pasarlos por alto.

Ideas y conceptos

En la historia del rico y Lázaro con la que concluye Lucas 16, y que ya tratamos anteriormente, hay temas más importantes que el tema introductorio de la riqueza. Hay, por ejemplo, reflejados en el relato, los conceptos judíos en cuanto a la vida después de la muerte. También se halla presente el concepto en cuanto al tormento, el cual es diferente del que sostenía el mundo helénico donde la historia iba a circular. La idea de un abismo fijo, la presencia de Abraham, y los elementos de agua y fuego también reclaman atención. Pero, más importante que todo eso, la referencia en la conclusión a aquel que se levantaría de los muertos es de significado crucial, aludiendo, como lo hace, a la resurrección de Jesucristo. Si el predicador simplemente predica sobre el revés de la suerte después de la muerte del rico y Lázaro, o incluso del destino inalterable del que rechaza a Dios, no logra el clímax de la historia completa, y la gente se niega a reconocer la resurrección de Cristo y no quiere captar su significación con respecto al destino eterno.

Doctrinas

Uno pudiera pensar que las doctrinas debieran ser obvias. Sin embargo, el predicador puede (por ejemplo) abstraerse tanto en el gran tema de la *fe* en su exposición de Romanos 4 y 5 que se le escape otra doctrina, la de la *esperanza*. Pablo introduce esto, casi imperceptiblemente, en 4:13 al describir a Abraham como el "heredero del mundo". En 4:18 hay un modelo verbal: la colocación de las frases "en esperanza contra esperanza" en yuxtaposición (*par' elpída ep elpídi*) lo cual indica al lector que la "esperanza" es un elemento significativo de su enseñanza. Romanos 5 selecciona esto (1) como parte de una secuencia en el versículo 2, (2) como el clímax de esa secuencia en el versículo 4, y (3) como la idea principal en el versículo 5. Aun cuando la palabra esperanza no es mencionada en los versículos 9 y siguientes, la idea está claramente presente allí también. El predicador expositivo necesita destacar claramente esta doctrina si va a ser fiel al texto de Romanos 4 y 5.

Delineación de personajes

Aun cuando la verdad bíblica es a menudo incorporada en personajes bíblicos, el expositor puede, en ocasiones, mirar más allá de ellos. Hechos 7 es de gran importancia para los temas doctrinales contenidos en el discurso de Esteban. Lo que dijo, sin embargo, en cuanto a la manera en que el pueblo de Dios se negó a obedecerle, en todo el curso de la historia del Antiguo Testamento, tiene un impacto aun mayor cuando se compara con la propia respuesta espiritual de Esteban, como se puede ver en 6:5, 8 y 7:54-60. Su verdadero carácter también se destaca en contraste con las acusaciones que se hicieron en contra de él en 6:11. Se podrían dar muchos otros ejemplos de delineación de personajes, al pensar en los apóstoles, los miembros de la familia de Herodes, Pilato y otros. Siempre es importante observar las características personales cuando se predica sobre una porción narrativa.

La secuencia de acontecimientos

Esto pudiera parecer demasiado obvio como para mencionarse, pero ese es precisamente el problema. El sermón no debe dar por sentado que la congregación conoce muy bien la narración. Por ejemplo, la perplejidad de Herodes el tetrarca (Herodes Antipas) en Lucas 9:7-9 no es una acotación al paso; es una parte importante de la narración que conduce a la gran confesión de Pedro en cuanto a Cristo en 9:18-20. Su pregunta: "¿Quién, pues, es éste?" viene significativamente a continuación de la misma pregunta hecha por los discípulos en 8:25, y el envío de los doce en 9:1-6. Es evidente que el éxito de los doce al predicar y sanar hizo que Herodes se preguntara qué poder estaba detrás de tales obras maravillosas. Las diversas especulaciones acerca de una visita del difunto profeta Elías, algún otro de los profetas, o el decapitado Juan el Bautista se reflejan más adelante en el informe que los discípulos dieron a Jesús, en los versículos 18 y siguientes. La pregunta de Herodes: "¿Quién, pues, es éste?" determina el escenario para la pregunta de Jesús: "¿Y vosotros, quién decís que soy?" (9:20) y la respuesta de Pedro: "El Cristo de Dios" (9:20). El suceso entre las dos escenas, la alimentación de los cinco mil, lleva su propio mensaje en cuanto al Mesías. Por consiguiente, una verdadera exposición de la gran confesión de Lucas 9:18-22 incluirá toda la secuencia narrativa e incluirá igualmente, por supuesto, las enseñanzas que vienen después en cuanto a la pasión.

De la misma manera debe verse la transfiguración en Lucas 9:28-36 como parte de esa secuencia narrativa. En los versículos 18 al 26 hay una enseñanza en cuanto a (1) la identidad de Jesús, (2) su sufrimiento, y (3) su gloria venidera. En la narración de Lucas de la transfiguración estos temas aparecen en orden inverso. Los discípulos primero ven su gloria, luego oyen una conversación entre Moisés y Elías en cuanto a su sufrimiento que se avecinaba, y finalmente oyen la voz que confirma la identidad de Jesús.

Preguntas retóricas

Los sermones expositivos sobre Romanos 7 a menudo fracasan debido a que no logran ver que los versículos 14-25 están colocados dentro de la secuencia de las cuatro preguntas retóricas contenidas en los capítulos 6 y 7: "¿Perseveraremos en el pecado para que la gracia abunde?" (6:1); "¿Pecaremos, porque no estamos bajo la ley, sino bajo la gracia?" (6:15); "¿La ley es pecado?" (7:7); "¿Luego lo que es bueno [la ley], vino a ser muerte para mí?" (7:13). Cuando el expositor se da cuenta de que el argumento sobre nuestra incapacidad para obedecer la ley de Dios responde a la última pregunta, no subordinará el pasaje a algún esquema de vida victoriosa. Tampoco distraerá la atención de su congregación debatiendo si Pablo está tratando sobre su vida antes o después de su conversión. Explicará, en fidelidad al texto, el propósito del pasaje en su contexto, con referencia a las preguntas retóricas anteriores en cuanto al papel de la ley. Sólo entonces procederá a hacer la aplicación a nuestra vida espiritual.

Complejidad de temas, problemas o circunstancias

El ejemplo que antecede de una pregunta retórica también sirve como ilustración de la complejidad de temas y problemas. En Romanos 7:13-25 Pablo en realidad está tratando dos asuntos al mismo tiempo: (1) exonerando la ley de toda sospecha de imperfección, y (2) compartiendo su propia experiencia espiritual con respecto a la ley y a su naturaleza pecaminosa. Vemos esto en el doble final del capítulo. El segundo aspecto, que pudiéramos describir como personal, espiritual, e incluso emocional, se resume primero en 7:24: "¡Miserable de mí! ¿Quién me librará de este cuerpo de muerte? Gracias doy a Dios, por Jesucristo Señor nuestro." El tema primero y primario, la ley de Dios, recibe su resumen en segundo lugar, no con una expresión emocional como la anterior, sino con una declaración sobria y lógica: "Así que, yo mismo con la mente sirvo a la ley de Dios, mas con la carne a la ley del pecado" (v. 25).

Otro ejemplo de complejidad, esta vez con respecto a circunstancias, se halla en los evangelios. Marcos 5:21-43 relata la curación de la hija de Jairo y la de una mujer que sufría de hemorragia. Los dos incidentes están interrelacionados, y la atención cambia del uno al otro cuando la mujer que sufría de hemorragia interrumpe a Jesús mientras éste se dirigía a la casa de Jairo. La razón para tal interrelación no es muy clara. Si simplemente ocurrió de esa manera, podemos aprender algo acerca de cómo Jesús atendió una interrupción, tanto como acerca de su popularidad y su poder. También vemos un contraste entre una mujer con una enfermedad crónica y una muchacha afligida en su niñez con una enfermedad mortal. En un nivel más profundo, podemos observar una ocasión en la que Dios, en su providencia, permitió una interrupción, un retraso, y la muerte consecuente de la muchacha, para permitir un milagro aun más grande.

Los capítulos al comienzo de Lucas proporcionan ejemplos adicionales de la complejidad narrativa. Hay un modelo básico de alternación en ellos, puesto que los relatos del nacimiento de Juan el Bautista y de Jesús se entrelazan entre sí. Primero, el ángel anuncia el nacimiento de Jesucristo (1:26-38). Luego María visita a Elisabet, y los dos relatos se unen en los versículos 39-45. La atención se enfoca de inmediato de nuevo en Jesús mediante el *Magnificat* de María (vv. 46-56). A esto sigue el nacimiento de Juan el Bautista (vv. 57-66) y el *Benedictus* de Zacarías (vv. 67-79). El capítulo 2 comienza con el nacimiento de Jesucristo y continúa con su infancia y niñez.

El capítulo 3 nos habla del ministerio de Juan, después del cual la narración traza la vida y el ministerio de Jesucristo. El predicador puede usar esta estructura literaria (como probablemente fue la intención del Espíritu que la inspiró) para mostrar no solamente el desarrollo de la historia de la salvación sino también para contrastar las dos figuras de Juan y de Jesús. Dentro de esta estructura aparece un interesante complejo de circunstancias, en 1:5-23. Mientras Zacarías entra en el templo, "toda la multitud del pueblo estaba fuera orando" (1:10). Luego observamos la visita del ángel a Zacarías (vv. 11-20). La atención luego se dirige otra vez a la gente que está afuera esperando en suspenso (v. 21). Finalmente Zacarías sale, y no puede hablarles (v. 23). Este es un incidente conmovedor, y el expositor debe permitir que haga su impacto en su sermón.

Otros detalles

Los temas dominantes son a menudo indicados por modelos internos que involucran a los sonidos, los significados o la posición de las palabras. Algunos de estos serán observados cuando tratemos de los "modelos".

Seleccione asuntos significativos para el estudio exegético

El predicador que ha tenido el beneficio de buenos estudios exegéticos, fuertes en sintaxis, crítica textual y estudio de palabras, enfrenta una lucha de conciencia cada vez que prepara un pasaje para predicarlo. Sabe que cada pasaje contiene una mina de oro de información exegética. Ha aprendido a pesar los modos y tiempos, a ponderar los casos, a investigar en los léxicos y diccionarios teológicos. Sin embargo, también sabe que la visitación pastoral, comités, clases bíblicas, deberes cívicos, y las propias necesidades de su familia, junto con emergencias inesperadas, ejercerán fuerte presión sobre él antes que llegue el próximo domingo. ¿Debía tomar tiempo para hacer un diagrama de la frase en Colosenses, para asegurarse de que la entiende perfectamente? ¿Debe buscar ese verbo de Hebreos 6 en el *Theological Dictionary of the New Testament* (Diccionario teológico del Nuevo Testamento) de Kittel[7] o en el *New International Dictionary of New Testament Theology* (Nuevo diccionario internacional de teología del Nuevo Testamento) de Colin Brown?[8] ¿Cuánto tiempo debe dedicar a leer en la obra de Blass-Debrunner-Funk,[9] o en el volumen 3 de Moulton,[10] o en la "gramática grande" de Robertson[11] tratando de descubrir qué clase de infinitivo estaba empleando Pedro? Así como Paderewski sabía cuándo no había practicado lo suficiente, incluso cuando los asistentes nunca se dieran cuenta de ello, el expositor fiel puede tener un cierto sentido de culpa si no ha invertido suficientes horas en la exégesis.

Mi consejo es que no se gaste demasiado tiempo en estos detalles exegéticos *a menos que* (1) haya asuntos en el texto que son de especial significación, (2) haya alguna situación pastoral compleja que exija una aplicación detallada y exacta del texto, o (3) uno tiene el (elogiable) propósito de aguzar sus talentos en la exégesis, y las exigencias pastorales no son apremiantes en ese momento. Pero, obviamente, para que la exposición sea apropiada y substanciosa, es imprescindible algún estudio serio. ¿Cómo, entonces, debemos realizar la preparación exegética?

La pregunta clave es: "¿Cuáles cosas del pasaje son verdaderamente significativas?" Estas cosas pueden ser palabras u otras unidades semánticas, el uso de casos, tiempos o modos, o detalles estructurales (tales como el orden de las palabras, junto con las relaciones de frases o cláusulas). Rara vez tendrá uno que repetir la labor de los críticos textuales, a menos que en la versión comúnmente usada por la congregación se mencione alguna lectura alterna como una nota al pie, o a menos que haya algún asunto de extrema importancia que la congregación debe conocer (véase el capítulo 9). En tales casos, un breve vistazo a *A Textual Commentary of the Greek New Testament*, (Un comentario textual del Nuevo Testamento en griego) de Bruce Metzger[12] es casi siempre suficiente. Si vamos a invertir tiempo sólo en los asuntos de importancia, necesitaremos ciertos criterios para seleccionarlos. Propongo los siguientes:

Doctrinalmente importantes

Sería inconcebible tratar a vuelo de pájaro la palabra "imagen" de Colosenses 1:15, o "rectitud (justicia)" en Romanos 3. De igual manera, la frase preposicional: "conforme al Espíritu" en Romanos 8 y la palabra "gracia" en Efesios 2:8 exigen un estudio cuidadoso, porque son importantes doctrinalmente y esenciales para entender el pasaje donde ocurren. Ejemplos adicionales no son necesarios. Siempre hay algunas palabras o construcciones gramaticales que son más dominantes que otras para el significado de un pasaje.

Eticamente importantes

El significado de "palabras deshonestas" en Efesios 5:4 tiene que ser entendido por la congregación para que pueda abstenerse de decirlas. Los tiempos diferentes que se usan para la palabra "presentar" (u "ofrecer") en Romanos 6:13 pueden ser importantes para la persona que busca ayuda en su vida espiritual. La consideración del significado de las palabras "se estremeció" y "se conmovió", con las que se describen las emociones de Jesús en Juan 11:33, puede ser de ayuda para alguna persona que se siente culpable por sus propios sentimientos y emociones. Hay mucha confusión sobre el significado y aplicación de las palabras "viejo hombre" o "nuevo hombre" en Efesios 4:22-24 y Colosenses 3:9, 10.

Difíciles de entender

Esto es probablemente el motivo individual más importante para realizar la investigación exegética. El peligro, especialmente en los cursos de exégesis, es que llegamos a estar tan "concentrados en problemas", que no llegamos a aprender cómo usar la exégesis de una manera positiva. No obstante, hay muchas ocasiones cuando un pasaje es oscuro, y requiere estudio serio y concienzudo. Un ejemplo clásico es 1 Pedro 3:18-22. Podemos usarlo aquí para mostrar las varias clases de estudio que requiere un texto difícil. Por ejemplo, ¿qué clase de dativo es *pneúmati*? ¿Significa "en" o "por" el "espíritu" ("e" minúscula) o "Espíritu" ("E" mayúscula)? La yuxtaposición de las frases *zanatotheís men sarkí* ("muerto en la carne") y *zoopoietheís dè pneúmati* ("pero vivificado en espíritu") es de mucha significación. Lo mismo ocurre con el participio *poreutheís* ("fue"... ¿a dónde?), y la frase problemática "los espíritus encarcelados".

Cuando nos encontramos con un pasaje con palabras y construcción difíciles como estas, necesitamos decidir con mucho cuidado cuánta investigación original y cuánta lectura de comentarios debemos realizar. Pero nuestra decisión no debe basarse únicamente en si encontramos que el pasaje es difícil o interesante para nosotros mismos. Es quizás más importante determinar los pasajes que la *congregación* hallará difíciles. Está probablemente por demás decirlo, pero necesitamos tener en cuenta que el predicador instruido encontrará algunos problemas que son apremiantes o fascinantes para sí mismo, pero que no significan virtualmente nada para la congregación; mientras que la gente, por su parte, batalla con otras cosas que el predicador las ha resuelto mucho tiempo atrás. Además, el predicador necesita ser un pastor sensato, o hallará que sus sermones están alejados del punto en que su congregación realmente se encuentra.

Temática en el contexto, en el libro o porción

La palabra "pueblo" tal vez no se vea especialmente importante doctrinal o éticamente y, sin duda, no es difícil de entender. Sin embargo, es una de las palabras más significativas del Evangelio según Lucas. Ignorarla en un pasaje puede significar que nuestro sermón fracasará al no trasmitir una importante verdad. Lucas pone mucho cuidado al distinguir entre "pueblo" (*laós*), las "multitudes" (*óklos*), los diversos líderes y, por supuesto, los discípulos. Las "multitudes" no tenían ningún compromiso, algunas veces eran violentas u hostiles. Los líderes fueron desde un principio suspicaces y, a su tiempo, antagonistas abiertamente. El "pueblo", sin embargo, estaba abierto a las enseñanzas de Jesús. Era gente piadosa, lista para creer y para seguir a Jesús (Lucas 1:17, 68, 77; 2:10, 31, 32; 7:16; 19:47, 48; 20:1; 21:38; 24:19). La significación de esta palabra puede verse no sólo en las ocurrencias específicas sino en el hecho de que Lucas la emplea más de treinta y cinco veces, en contraste con Marcos que solamente la usa tres veces.

Crucial para entender la intención del autor

Tal vez el mejor ejemplo procede del gran pasaje cristológico, Filipenses 2:6-11. Las palabras "se despojó a sí mismo", del versículo 7, exigen una explicación clara. Una cuestión doctrinal seria pende de nuestro entendimiento de esta frase. Por consiguiente, el expositor estudiará cuidadosamente la cláusula modificadora que sigue, "tomando forma de siervo". Debe entender, y trasmitir a su congregación, la manera en que esa frase explica el significado de las palabras precedentes en cuanto a la "kenosis" o autovaciamiento de parte de Jesús.

Dependiente de la forma literaria

El uso figurativo de Sara y Agar en Gálatas 4:21-31 requiere un tratamiento cuidadoso. Hay partes muy conocidas en el libro de Apocalipsis para las cuales es crucial la determinación exacta de la forma literaria. Las parábolas de Jesús proporcionan otra ilustración obvia. El intérprete del relato del rico y Lázaro, en Lucas 16, necesita tener mucho cuidado en la manera en que trata los elementos de esa historia

Capítulo tres

Los datos:
Bosquejos exegéticos

Prepare un bosquejo del párrafo del pasaje

Los bosquejos de párrafos son un instrumento útil que se ha usado ya por algunos años. Muchos lo aprendieron del libro de Merril C. Tenney sobre Gálatas, en el cual él presenta diferentes metodologías para el estudio bíblico.[13] Tenney lo llama "método analítico". En tal análisis, se escriben las principales cláusulas del párrafo empezando en el margen izquierdo de la página. Las divisiones subordinadas se escriben debajo de ellas, con la sangría apropiada. Tenney usó también este método para esquematizar estructuras interesantes; por ejemplo:

Porque el deseo de la carne es contra el Espíritu,
y el del Espíritu   es contra la carne;

Siguiendo el análisis, Tenney construyó un bosquejo que seguía estas características. Al hacerlo así, dio campo para cierta flexibilidad. Por ejemplo, no insistió en hacer de cada cláusula principal *per se* un punto del sermón. La sintaxis griega es demasiado sutil para ser tratada de tal manera. Lo que procuraba, más bien, era trasmitir los pensamientos fundamentales mediante los puntos principales de su sermón.

Obviamente, el expositor hallará útil este método, porque le ayudará a dar atención apropiada a las principales afirmaciones del texto bíblico de su sermón, y también a dedicar las principales divisiones de su sermón a las partes sucesivas del texto en debida proporción. Debido a que es muy fácil ser arrastrados por algunos puntos que nos parecen importantes, necesitamos alguna manera objetiva de asegurarnos de dar debida atención a todo el pasaje y a sus enseñanzas principales Además, para muchos pasajes es el bosquejo de párrafo lo que nos proporcionará el mejor bosquejo para un mensaje. Hay algunas excepciones y limitaciones a esto, como lo veremos un poco más adelante.

El primer paso es determinar los límites naturales del pasaje. Esto se hace al observar tanto la sintaxis como el contenido. Como ya hemos observado anteriormente, hay varios tipos de "tejidos de conexión" en el texto, de modo que es difícil (e incorrecto) aislar al pasaje completamente de su contexto. Sin embargo, hay transiciones de pensamiento que deben notarse, las mismas que están indicadas por ciertas marcas. En la sintaxis griega, tales nuevos comienzos son algunas veces, aunque no siempre, indicados por la ausencia de una conjunción. El nuevo párrafo puede introducir nuevos conceptos con una descripción o definición. Un ejemplo clásico, Romanos 1:16, 17 es dependiente tanto de su contexto como, al mismo tiempo, con significado por sí mismo. Comienza "*Porque no me avergüenzo . . .*" (*oú gár epaiskúnomai*), y la conjunción lo liga claramente con el párrafo precedente. Al mismo tiempo, la palabra "justicia" (*dikaio- súne*) aparece sin artículo. Esto es probablemente debido a que Pablo está recalcando la calidad única de la rectitud o justicia de Dios, pero también debido a que el concepto no ha aparecido previamente en su argumento. El mismo fenómeno aparece en el siguiente párrafo, el cual comienza con una frase que contiene otra expresión sin artículo orgé Theoû, "ira de Dios". Con cada nuevo concepto, el argumento adquiere un nuevo giro importante.

Por supuesto, nuestros textos griegos y traducciones modernas han dividido el material en versículos y párrafos. Debemos tener presente la traducción que la mayoría de las personas en la congregación estará usando, y seguir la división en capítulos que ellas tendrán delante. (Recuérdese mi sugerencia previa en cuanto a imaginar una página gigantesca de la Escritura entre el predicador y su congregación.) Incluso en tal caso, debemos estar conscientes en cuanto a las razones para la división de párrafos en español, porque esto nos hará más sensibles al flujo del texto. Además, en raras ocasiones nos será necesario estar en desacuerdo con las divisiones con las cuales la congregación está familiarizada, y es preciso que seamos capaces de hacerlo con comprensión y claridad.

Después que hayamos decidido los límites del pasaje que formará la base de nuestro sermón, buscaremos las afirmaciones principales. Por lo general estas aparecerán en las cláusulas principales, incluso si necesitamos hacer alguna modificación más tarde. Haremos una lista de esas cláusulas principales, y, bosquejando debajo de ellas, escribiremos las cláusulas subordinadas y frases de modificación como se muestra en los ejemplos más adelante. Nótese que siempre que sea posible una frase modificadora comienza bajo la palabra que modifica.

Es mejor no ser demasiado técnico en este esquema, puesto que su propósito es proporcionar un bosquejo claro para el sermón, simplificado para su mejor comprensión y retención. No obstante, debe ser preciso y exacto, de modo de que no enseñemos algún error. Parte del proceso de simplificación es darse cuenta de que algunas cláusulas, incluso aunque sea sintácticamente estructuradas con cláusulas principales, en realidad funcionan modificando o expandiendo la idea de otras cláusulas. Estas deben ser colocadas con sangría, como construcciones subordinadas, bajo las cláusulas correspondientes que explican. Esto puede significar que el bosquejo del sermón tomará una cláusula principal cada cierto número de líneas. Si esto sigue el sentido e intención del pasaje, no es una distorsión sino una clarificación. Veremos más adelante que todas las cláusulas subordinadas, todas las frases y todas las cláusulas principales que han sido escritas más adentro del margen tienen que ser examinadas procurando encontrar cualquier posible significado doctrinal o ético principal. Para el esquema del primer párrafo, sin embargo, pondremos al margen únicamente las cláusulas principales que marcan las principales afirmaciones.

Otro paso en la simplificación, especialmente si el pasaje seleccionado es largo, puede ser escoger sólo aquellas cláusulas principales que marcan una transición del pensamiento. Daré ejemplos sobre Mateo 6 y 7 más adelante.

Aquí hay un ejemplo obvio de Colosenses 1:15-20. Para este ejemplo inicial estoy usando el español, y no incluyo el material subordinado. Por esta razón será conveniente que usted tenga delante el texto completo, preferiblemente en griego. Trataré la cláusula relativa inicial como una cláusula principal, porque ese es su sentido, el uso del relativo posiblemente reflejando una forma de credo original.

v. 15 El es la imagen del Dios invisible,
       el primogénito de toda creación.
v. 16   Porque en él fueron creadas todas las cosas,
             las que hay en los cielos. . .
v. 17   Y él es antes de todas las cosas,
           y todas las cosas en él subsisten;
v. 18 y él es la cabeza del cuerpo que es la iglesia,
         él que es el principio,
       el primogénito de entre los muertos,
           para que en todo tenga la preeminencia;
             por cuanto agradó al Padre

> que en él habitase toda plenitud,
> y por medio de él reconciliar
> consigo todas las cosas. . .

Así tenemos una serie de afirmaciones en cuanto a Cristo, todas expresadas en cláusulas principales. Para el sermón en sí mismo probablemente las dividiríamos de acuerdo con la relación de Cristo con Dios, con el universo y con la iglesia. Además, en un bosquejo de sermón, probablemente queramos tomar la cláusula de propósito mencionada en el versículo 18: "para que en todo tenga la preeminencia", como el tema principal, como sigue:

¿Por qué debe tener Jesucristo la preeminencia?
1. Debido a su relación con Dios
   "El es la imagen del Dios invisible"
2. Debido a su relación con el universo
   "En él fueron creadas todas las cosas"
   "El es antes de todas las cosas"
   "Todo fue creado por medio de él"
   "Todas las cosas en él subsisten"
3. Debido a su relación con la iglesia
   "El es la cabeza del cuerpo que es la iglesia"
   "El es el principio"
   "El primogénito de entre los muertos"

En este punto tal vez queramos examinar otra vez los versículos 19 y 20. Las palabras "Por cuanto agradó al Padre que en él habitase toda plenitud" son una cláusula causal, que explica por qué Jesucristo debe tener la supremacía. Por lo tanto, incluso aunque no constituye una cláusula principal en el griego, desarrolla la misma *función* como las afirmaciones que ya hemos hecho cláusulas causales en nuestro bosquejo del sermón indicado. De modo que podríamos añadir un cuarto punto:

4. Debido a su relación con el plan de Dios
   "Por cuanto agradó al Padre
   que en él habitase toda plenitud,
   por medio de él reconciliar consigo todas las cosas. . ."

Este último punto, "Debido a su relación con el plan de Dios", puede parecer un poco forzado. Ilustra el problema común a toda preparación de sermones, al reformular las expresiones bíblicas como encabezamientos coherentes. Tal vez en este caso podríamos hacerlo mejor, pero lo importante es que retengamos la *idea causal*, porque eso es lo que tiene el texto griego. En resumen, la primera serie de afirmaciones nos conduce a una cláusula de propósito: "para que... la preeminencia", la cual, a su vez, es seguida por una cláusula de causa. Simplemente hemos hecho la cláusula de propósito el tema principal, y hemos hecho una lista de afirmaciones y la cláusula de causa como las razones para reconocer la supremacía de Jesucristo. Esto trasmite con precisión la intención de la estructura en griego. Esto todavía no es un sermón sino el esqueleto de un bosquejo con el cual empezar.

El siguiente es otro ejemplo, esta vez de Colosenses 3:1-17.

v. 1   Si, pues, habéis resucitado con Cristo,
           buscad las cosas de arriba,
                      donde está Cristo sentado...
v. 2 Poned la mira en las cosas de arriba,
           no en las de la tierra.
v. 3   Porque habéis muerto,
           y vuestra vida está escondida con Cristo en Dios.
v. 4 Cuando Cristo,   vuestra vida,   se manifieste,
               entonces vosotros
           también seréis manifestados con él...
v. 5 Haced morir, pues...
                      [frases subordinadas]
v. 8 Pero ahora dejad...
                      [frases subordinadas]
v. 12 Vestíos, pues...
                      [frases subordinadas]
v. 16 La palabra de Cristo more en abundancia en vosotros...
                      [frases subordinadas]

Incluso un ejemplo simple como el anterior provoca un buen número de preguntas. ¿Por qué comenzar con Colosenses 3:1? Las palabras "Si, pues, habéis resucitado con Cristo" tienen un paralelo previo en 2:20: "Pues si habéis muerto con Cristo." El expositor tendrá que decidir si incluir o no ese paralelo. Para ser fiel al texto y a la integridad teológica y ética del pasaje debería incluirlo. El predicador puede objetar que esto producirá un desequilibrio en el sermón, en cuanto a lo que al largo de las divisiones se refiere. En este caso, tal vez tenga que escoger entre la forma y la verdad. Hay otra posibilidad, por supuesto. Si incluye 2:20-23 con el resto del capítulo 2 (o al menos la última parte), llamará la atención de la congregación al paralelo entre 3:1 y 2:20 tanto cuando predica sobre el capítulo 2 como otra vez cuando predica sobre el capítulo 3.

Otro problema se relaciona con 3:15, "La paz de Dios gobierne en vuestros corazones". Si los verbos principales son imperativos, y si "gobierne" es también un imperativo, ¿acaso no pertenece a la serie? Tanto en la traducción al español como en la estructura de la cláusula griega parece ser paralelo a "La palabra de Cristo more en abundancia en vosotros" (v. 16). Incluir el versículo 15 no sería incorrecto y, en realidad, hasta pudiera ser preferible. ¿Por qué entonces se omite en el bosquejo indicado arriba? En realidad no introduce ningún nuevo tema, sino que resume lo que Pablo ha estado diciendo en cuanto a "vestirse" de las nuevas virtudes. Ha estado hablando de cualidades tales como la compasión, la bondad y, en el versículo 14, el amor, como medios de la unidad. A pesar de que algunas versiones hacen del versículo 15 el comienzo de un nuevo párrafo, en realidad lo que hace es concluir el anterior. El verdadero comienzo de un nuevo párrafo está en la frase: "La palabra de Cristo more. . .", y la clave para esto es la ausencia de una conjunción que la introduzca. Otro hito es que los versículos 16 y 17 son paralelos a los versículos de Efesios 5:18-21 en cuanto a la llenura del Espíritu Santo y sus efectos. Claramente este es el principal tema en la mente de Pablo, y exige atención separada, en tanto que la expresión previa sobre la paz de Cristo es parte de otro tema.

Deliberadamente he incluido una discusión sobre un asunto de opinión, para mostrar que incluso en ese bosquejo básico del párrafo no es un procedimiento mecánico. El expositor es obligado constantemente a volver al texto. Incluso si al final no importa cómo se coloca en el esquema "La paz de Dios gobierne. . .", para el tiempo en que el esquema queda completo el expositor habrá meditado en toda la estructura del pasaje, y su sermón será más rico como resultado de ello.

Una pregunta final es: ¿Por qué aunque los párrafos cubiertos en el bosquejo parecen contener, por lo menos en la versión española que usamos, cierto número de cláusulas principales, no las reflejamos en el bosquejo? En primer lugar, lo que a veces aparece como cláusula principal en español a menudo son frases subordinadas en el griego. Se traducen como cláusulas independientes para simplificar la sintaxis griega, de otra manera compleja y fastidiosa. En segundo lugar, hay un modelo, que es tal vez más evidente en griego que en español, de una secuencia de imperativos. Cuando lleguemos a la discusión de modelos, veremos que hay ocasiones en las que un modelo es mejor guía para un bosquejo de sermón que un análisis de párrafos o, por lo menos, cuando debe permitírsele a un modelo modificar el análisis del párrafo.

Veremos otro ejemplo, de Romanos 5:1-11. En el margen derecho describo la función de cada cláusula y frase sucesiva. Estas son des-

Romanos 5:1-11

Justificados,	BASE
pues,	CONSECUENCIA
por la fe,	MEDIOS
tenemos paz para con Dios	AFIRMACION
por medio de nuestro Señor Jesucristo	AGENTE
por quién. . . entrada	AGENTE
por la fe	MEDIOS
a esta gracia	UBICACION
en la cual. . . firmes	UBICACION
nos gloriamos en la esperanza de la gloria de Dios	AFIRMACION
No sólo esto,	CONTRASTE
nos gloriamos en las tribulaciones	AFIRMACION
sabiendo	CAUSA
que la tribulación produce paciencia;	
la paciencia, prueba	
la prueba, esperanza	
La esperanza no avergüenza	AFIRMACION
porque el amor de Dios ha sido derramado	CAUSA
en nuestros corazones	UBICACION
por el Espíritu Santo	AGENTE
que nos fue dado	IDENTIFICACION
Cristo. . . murió por los impíos	AFIRMACION
cuando aún éramos débiles	TIEMPO
a su tiempo	TIEMPO
Apenas morirá alguno por un justo	HIPOTESIS
Pudiera ser que alguno osara morir por el bueno	HIPOTESIS
Mas Dios muestra su amor para con nosotros	AFIRMACION
en que	
siendo aún pecadores	TIEMPO
Cristo murió por nosotros	EXPLICACION
Pues. . . estando ya justificados. . .	BASE
mucho más	AFIRMACION
. . . seremos salvos	COMPARATIVA
de la ira	SEPARACION
por él	AGENTE
Siendo enemigos	TIEMPO
fuimos reconciliados con Dios	CONDICION
por la muerte de su Hijo	AGENTE
mucho más	AFIRMACION
. . . seremos salvos	COMPARATIVA
por su vida	MEDIOS
No sólo esto	CONTINUACION
sino que también nos gloriamos en Dios	AFIRMACION
por el Señor nuestro Jesucristo	AGENTE
por quien. . .	AGENTE
. . . reconciliación	

cripciones hechas "por conveniencia propia". No siguen ninguna categoría gramatical formal. Usted puede escoger sus propias palabras descriptivas. El propósito es forzarse uno mismo a observar la relación de las varias partes de una oración entre sí mismas y unas con otras. Nuestra comprensión de estas relaciones pueden entonces ser introducidas en el sermón, a medida que explicamos el dónde, cuándo, cómo, bajo qué condiciones son verdaderas y aplicables las afirmaciones principales. Esto exige disciplina, pero la retribución es una fiel exposición del pasaje.

Para ayudarnos en la identificación de las cláusulas principales y subordinadas, aquí está una lista parcial de las conjunciones que introducen los dos tipos. Las conjunciones coordinadoras incluyen: y, pero, por tanto, aún más, sin embargo, todavía. Las conjunciones subordinadoras incluyen: porque, aunque, así que, si, mientras, en tanto, cuándo, hasta, dónde, para que. Una palabra difícil de clasificar es "porque" (a menudo representando al griego *gár*). Puede significar "porque", en cuyo caso introduce un concepto subordinado (aun cuando *gár* gramaticalmente no introduce una cláusula subordinada). De otra manera, sencillamente continúa el pensamiento, posiblemente añadiendo una inferencia ("Por tanto. . ."), o una explicación ("Así que. . .").

Algunas de las conjunciones coordinadoras griegas son: *allá, ára, gár, dé, dió, eíte, jé, kaí, mén, méntoi, oûn, oudé, mé, medé, oúte, plén, té.* Algunas de las conjunciones de subordinación son: *ákre, dióti, eán, eí, epeí, epeidé, jéos, jína, káthaper, kathós, kaíper, mekrí, mé* (en ciertas construcciones), *mépote, mépos, jópos ópe, jóti, prín, jósper, jóste.*

Al leer una frase en español, asegúrese de que la palabra en cuestión es en realidad una conjunción y no una preposición. Una preposición introduce una palabra, como "ante el juez". Una conjunción introduce una cláusula completa: "Antes que cruzara la calle."

Prepare un bosquejo estructural

Un examen de las afirmaciones primarias muestra una clara secuencia en la mente de Pablo:

1. Tenemos *paz* (v. 1)
2. Nos gozamos en la *esperanza* (v. 2)
3. Nos gloriamos en los *sufrimientos* (que producen *esperanza*, vv. 3, 4).
4. La *esperanza* no nos avergüenza (porque estamos seguros del *amor* de Dios (vv. 5, 6), cuyo amor es evidenciado por la *cruz* y sus efectos vv. 7-10).

Es necesario, en este punto, indicar por anticipado nuestra discusión posterior sobre "modelos", porque la relación de las principales afirmaciones se ve claramente sólo cuando se observan ciertos modelos.

Los versículos 1 y 11 ilustran el modelo de "equivalentes". Este detalle queda marcado por la repetición de ciertas palabras (o frases, u oraciones) y la sustitución de otros. Obsérvese lo siguiente:

(v.1) Tenemos paz... por medio de nuestro Señor Jesucristo,
        por quien también tenemos entrada...
(v.11) Nos gloriamos en Dios... por el Señor nuestro Jesucristo,
        por quien hemos recibido ahora...

Pero nótese que el versículo 11 también contiene otra construcción de equivalentes:

(v. 2)   Nos gloriamos en... esperanza
(v. 3)   Nos gloriamos en... tribulación
(v. 11) Nos gloriamos en... Dios

Por lo tanto, el versículo 11 está conectado tanto con el versículo 1 como con los versículos 2 y 3, por el detalle ya indicado. El énfasis está en los beneficios de la justificación (tenemos paz y tenemos gozo) y en el objeto de nuestro regocijo (esperanza, sufrimientos o tribulación, y Dios mismo).

La idea de la esperanza es expresada directamente, como uno de los beneficios de la justificación, e indirectamente, como el resultado o consecuencia de nuestra tribulación. Por lo tanto, los sufrimientos por sí solos no son el objetivo primario de nuestro gozo, sino en tanto y en cuanto nos llevan a la esperanza. Tal vez queramos pensar una vez más en la decisión de colocar "Nos gloriamos en la tribulación" como una afirmación principal, pero no nos atrevamos a separarla mucho de las divisiones principales.

Además, Pablo señala claramente que la razón por la cual la esperanza no nos desilusiona es que tiene una base objetiva en el amor de Dios, el cual ha sido derramado en nuestro corazón por el Espíritu. Ese amor, a su vez, es absolutamente cierto porque podemos mirar hacia atrás en la historia y recordar que Cristo murió, no por los buenos, sino por los malos: nosotros mismos. Estamos entre el pasado, cuando Cristo murió, y el futuro, que es asegurado por aquella muerte histórica. Por consiguiente, en el tiempo presente tenemos una esperanza basada objetivamente. Pero, ¿cómo afecta esto a la lista de las cláusulas? Hay algunas *cláusulas* principales en los versículos 7-10, pero *no* están entre las *afirmaciones* principales, las cuales son una lista de los beneficios de la justificación. Más bien sirven para respaldar una de esas afirmaciones, que tenemos una firme esperanza aun cuando esa esperanza parece ser estremecida por los sufrimientos. Por tanto, pueden ser escritas en nuestro esquema con la sangría apropiada, para mostrar su subordinación a las afirmaciones principales. Alternativamente, también podría clasificárselas apropiadamente, tal vez con el símbolo A" en el margen izquierdo, y las que son afirmaciones básicas en el curso de la presentación con el símbolo A'.

¿Cómo afecta esto a nuestro bosquejo del párrafo y a nuestro mensaje? Parecería que debemos alterarlo un poco, tal vez como sigue:

Los resultados de nuestra justificación son:
1. Paz (v. 1)
2. Esperanza
    A. Esperanza de la gloria de Dios (v. 2)
    B. Esperanza aun en el sufrimiento (vv. 3, 4)
    C. Esperanza porque el amor de Dios se mostró en la cruz (vv. 5-10)
3. Gozo (v. 11)

El último punto también podría haberse expresado como sigue:

3. Gozo
    A. En la esperanza (v. 2)
    B. En el sufrimiento (v. 3)
    C. En Dios mismo (v. 11)

Tal modificación involucra dos problemas. Primero, altera el orden en el cual aparecen los temas en el texto. Este, sin embargo, es un caso en el que el *modelo* inspirado puede ser más útil para el sermón que el *orden* inspirado. Segundo, hay alguna repetición si conservamos las subdivisiones de esperanza tal como están en la presente lista bajo el punto 2. No hallo en esto más problema que el que se ve cuando se mira un tapete que tiene un buen número de modelos que se entrecruzan. Uno no reduce la belleza del tapete al seguir estos modelos. En realidad, se le quitaría a su belleza si seleccionaríamos uno sólo y los seguiríamos por todo el pasaje sin tomar en cuenta a los demás. Repetir algunos puntos que ocurren tanto en secuencia como en modelos entrecruzados no niega el texto; lo refuerza.

He presentado estos asuntos en este punto, no para complicar la estructuración del bosquejo del pasaje, sino debido a que las complicaciones están ya allí. Es relativamente fácil hallar algunos ejemplos ideales para presentarlos en una clase de exégesis, hermenéutica u homilética, o para usarse en un libro como éste. Pero el predicador hallará muy pocos ejemplos "de libro de texto". El momento en que empezamos a hacer tal bosquejo, nos enfrentamos con muchas variaciones. De nada sirve frustrar al lector haciéndolo parecer más fácil de lo que es. Desde el mismo comienzo necesitamos preguntar no sólo cuáles son las cláusulas principales y subordinadas, sino también cuál es la secuencia de las ideas, cuáles son las principales afirmaciones; qué es lo que modifica, explica o refuerza (y otras cosas por el estilo) a estas afirmaciones. Además, debemos tener en cuenta que, aun cuando el bosquejo ya ha sido finalmente formado, es todavía un bosquejo. Todavía no es un sermón.

Bosquejo inductivo

Hay otro método de analizar un pasaje que he encontrado especialmente útil para bosquejar sermones. Consiste en tres partes (véase la ilustración más abajo). Lo primero que se escribe es una serie de cuadros horizontales que representan las divisiones principales de los versículos del pasaje. (Este sistema puede usarse también para hacer una lista de las secciones principales de una unidad, o incluso de todo un libro). Las divisiones son determinadas por las unidades reales de pensamiento del pasaje, aparte de cualquier consideración homilética. Los números de los versículos se escriben en cada cuadro. Las líneas inclinadas se dibujan, entonces, desde cada cuadro de arriba y hacia la derecha. En estas líneas se escribe una breve frase que describe objetivamente el contenido de cada sección pequeña. La razón para hacer esto es establecer el contenido real de cada sección, como un medio para controlar nuestras ideas interpretativas y homiléticas.

El próximo paso es agrupar estas secciones pequeñas en unidades más grandes, que pudieran usarse como unidades en un sermón. Al dibujar algunas líneas horizontales y divisiones verticales debajo de la hilera de casillas, puedo hacer provisión para cierto número de títulos tentativos de sección que pudiera tal vez usar como temas y subtemas de mi sermón. Puedo experimentar tanto como quiera, simplemente añadiendo más líneas según sea necesario. Hay varias ventajas en este método: (1) Promueve integridad en el análisis del texto. Puedo comparar los encabezamientos propuestos en mi bosquejo directamente con los títulos del contenido que se hallan inmediatamente encima. (2) Este método obliga al predicador orientado hacia la exégesis a pensar en términos de temas, y al predicador orientado hacia los temas, a mantenerse apegado al pasaje. (3) Es una ayuda para desarrollar coherentemente los temas. (4) Estimula la flexibilidad, porque es fácil esquematizar varias combinaciones diferentes de los temas. (5) Provee de una hoja de trabajo que puede ser extendida tanto como se desee, y que permite la revisión fácil, cambios fáciles, y una base visual para la decisión final. El escribir varios bosquejos separados en hojas individuales de papel no proporciona tales ventajas. Para hallar otros ejemplos, se puede consultar los libros que usan este método en el estudio bíblico inductivo. Véase especialmente el libro de Irving. L. Jensen.[14]

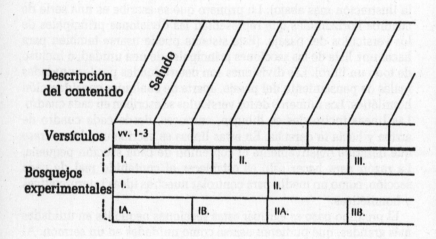

Descripción del contenido — Saludo

Versículos — vv. 1-3

Bosquejos experimentales — I. II. III. — I. II. — IA. IB. IIA. IIIB.

Capítulo cuatro

Los datos:
Modelos narrativos
y de composición

Hemos visto que incluso donde hay una clara secuencia de pensamiento, indicada principalmente por una sucesión de cláusulas, puede haber también ciertos modelos entrecruzados que contribuyen a la estructura y al significado. Romanos 5:1-11, que tiene una muy clara estructura de cláusulas, tiene también un modelo de "equivalentes". Tales modelos, y otros tipos que hemos de considerar, sirven para tres propósitos. (1) Atraen la atención del lector (especialmente en el texto griego) a relaciones conceptuales que de otro modo no hubiera observado. (2) Pueden proveer de una estructura para un bosquejo de un sermón. (3) Contribuyen a la excelencia del estilo de la obra. Nos ocuparemos únicamente de los dos primeros de estos aspectos.

Modelos narrativos

Diferentes culturas tienen diferentes maneras de relatar historias. Esto es un asunto demasiado técnico como para tratarlo aquí, pero necesitamos tener presente que hay ciertos convencionalismos que se siguen en la narración. Veremos apenas algunos ejemplos donde los modelos de configuración nos ayudan a entender y a predicar a partir de un pasaje narrativo.

Los especialistas en la traducción de la Biblia están conscientes de la importancia del análisis del discurso. Un ejemplo excelente apareció en la obra *Bible Translator* (El Traductor Bíblico), haciendo un bosquejo del modelo narrativo que se halla en Lucas 9:57-62.[15] En esta historia, Jesús habla con tres personas, una después de otra, con respecto al costo del discipulado. El modelo básico ya es claro al lector Aun cuando no hay ninguna delineación de un personaje, como tal, excepto en tanto y en cuanto puede deducirse de la conversación, la historia gira en torno a los tres personajes. El modelo interno, sin embargo, involucra no a las personas sino a las conversaciones. En la primera conversación, el que busca es quien toma la iniciativa. "Señor, te seguiré adondequiera que vayas." La respuesta de Jesús advierte al posible discípulo que el Hijo del Hombre no tiene ni siquiera dónde recostar su cabeza (implicando con ello que sus discípulos tampoco lo tenían). En la segunda conversación, es Jesús quien la inicia, diciendo: "Sígueme." En esta ocasión su interlocutor presenta la objeción, diciendo que tiene que retornar a su casa hasta que su padre haya muerto y sido enterrado. En la tercera conversación, el que busca asume ambos papeles. Inicia la conversación acerca del discipulado, y también presenta la objeción.

Analizando de nuevo la narración, vemos que en la primera y en la última ocasión la conversación tiene dos lados; esto es, que un hombre habla y Jesús habla. Esto es verdad, incluso aun cuando en la última conversación el hombre ya ha expresado tanto el deseo como la objeción, y Jesús añade un comentario. En la conversación del medio, sin embargo, hay tres frases en el diálogo, dentro de las cuales Jesús menciona el reino de Dios. De este modo se subraya la proclamación del reino como la misión del discípulo.

Además de eso, la tercera conversación termina con una referencia al reino de Dios. De esta manera, el reino recibe énfasis en dos lugares cruciales, al centro y hacia el final de la narración. No sólo eso sino que en cada lugar las palabras "el reino de Dios" ocurren hacia el final de la frase. En la ocurrencia central, la cuestión es la tarea del discípulo: la proclamación del reino. En la ocasión final el asunto es el destino de cualquier aspirante a discípulo que fracasa en persistir: la exclusión del servicio del reino.

Podríamos también observar que la narración entera es introducida por las palabras: "Yendo ellos, uno le dijo en el camino." Esto pinta un cuadro de Jesús y sus discípulos desempeñando la misión de ir de lugar en lugar con las nuevas del reino. En este punto en particular Lucas también pinta el cuadro de Jesús avanzando hacia Jerusalén, su ciudad de destino, lo cual es un tema importante en Lucas. Esta orientación deliberada hacia Jerusalén comenzó algunos versículos antes, en 9:51.

El expositor querrá tomar esto en cuenta mientras prepara el pasaje para predicarlo. Los modelos son parte del texto inspirado. Nos ayudan a entender la dinámica de las conversaciones y las cuestiones teológicas y personales. Obviamente el modelo también será el punto de partida del esqueleto o bosquejo de nuestro sermón.

Los modelos involucrados en este pasaje son de varios tipos. Vimos que habían tres personajes, aun cuando no hubo ningún desarrollo de las características personales, aparte de la renuencia de ellos para servir, la misma que obedecía a varias razones. Había también un modelo de repetición, tal como la circunstancia de que un diálogo en cuanto al discipulado se repite tres veces. La narración era tan simple y directa que no hubo movimiento interno como tal, sino que hubo un modelo interno de conversación y también de ideas. Aún más, el modelo ideológico fue presentado fuertemente al centralizar una declaración en cuanto al reino, y reservando el otro para un clímax mediante un énfasis final. Aun cuando muy pocas porciones narrativas de los evangelios o de Hechos son tan diáfanas en su estructura, los modelos observados aquí pueden encontrarse también en otros pasajes.

Una de las parábolas más conocidas, la del hijo pródigo, es una ilustración magnífica de modelos entrecruzados. Esto se ve en el mismo hecho de que algunas veces se la predica como una parábola, no acerca del hijo pródigo, sino acerca del padre que espera, para usar la famosa y feliz frase de Thielicke; y también acerca del hermano mayor. Así como en una ilusión óptica los varios planos y líneas pueden ser vistos como que conducen de una perspectiva a la siguiente, así también los elementos de esta historia pueden ser vistos dirigiendo la atención al hijo, al padre, o al hermano mayor.

El estructuralismo contemporáneo también ofrece algunas perspectivas en cuanto al análisis de la parábola.[16] El estructuralismo, en su dimensión literaria, es un enfoque que procura determinar cómo encaja la literatura en las estructuras observadas comúnmente, no sólo de narrativa, sino también de valores culturales o de conducta en las varias culturas y períodos de la historia. El hijo, sin duda, puede ser visto como el *sujeto*, pero, en lenguaje estructuralista, también es el *receptor* de las acciones del padre, quien es el *que envía*. El hermano mayor es claramente el *oponente*. Lo anterior es una descripción muy simplificada de lo que los estructuralistas llaman un análisis *actancial* (un método de enfoque que está sujeto a considerable debate). Además de esta dimensión, necesitamos ver qué *funciones* caracterizan a la secuencia narrativa. Hay un número de funciones que han sido observadas en los estudios estructurales, dos de las cuales son claramente observables aquí. Se tratan de la separación y la unión, y la pérdida y la ganancia. (Diferentes eruditos usarán diferente terminología.)

Además de la tradicional concentración sobre los personajes del suceso, y a las perspectivas contemporáneas del estructuralismo, hay observaciones que todavía quedan para que el expositor las descubra por sí mismo en el texto. Las relaciones entre los dos hijos y su padre son contrastadas gráficamente mediante el empleo de los pronombres personales. En el versículo 24 el padre llama al pródigo "este mi hijo". En el versículo 27 un sirviente identifica al pródigo ante el hermano mayor como "tu hermano". Pero cuando el hermano mayor habla acerca del pródigo con el padre (v. 30), no le llama "mi hermano", sino "este tu hijo", indicando así su hostilidad y sentido de alejamiento de él. Sin embargo, el padre le habla al hermano mayor cariñosamente, llamándole "hijo mío", y luego lleva toda la historia al clímax mediante la expresión tan significativa: "este tu hermano" (v. 32). Ese intento de reunir al hermano mayor con el pródigo ilustra la cuestión que subyace en la parábola: los fariseos se negaron a recibir a los pecadores, los cuales, por medio del ministerio de Jesús, estaban retornando a Dios (v. 1, 2).

Hay mucho más que podría presentarse aquí en torno al estudio de la parábola, pero esto nos servirá para mostrar cómo el expositor puede sacar provecho de la observación cuidadosa de los modelos narrativos. Necesita hacer preguntas en cuanto a la dinámica literaria tanto como en cuanto a cosas obvias como son los personajes y los sucesos. El expositor necesita identificarse con la gente, las situaciones y las emociones de la parábola. Pensar en términos de ganancia y de pérdida, de separación y de reunión, le ayudará a entrar en la estructura general de la experiencia humana, tanto como en la historia individual. Puesto que su propia congregación está experimentando separación y reunión, pérdida y ganancia, y puesto que en la vida contemporánea, al igual que en las historias del primer siglo, hay quienes envían y quienes reciben, ayudantes y oponentes, tener presentes estos modelos de configuraciones estructurales es una condición *sine qua non* para el expositor que va a ser también pastor. Si expositores anteriores han carecido de perspectivas y terminología estructuralista, los que más éxito han alcanzado ciertamente han tenido un entendimiento intuitivo que les ha sido de gran ayuda.

Modelos de composición

Hay modelos de configuración que yacen más bien en la superficie del pasaje. Pueden ocurrir en una porción narrativa o en un argumento lógico. Algunos están marcados por palabras o construcciones específicas (una conjunción subordinada que indica causalidad o, en el otro extremo, una progresión gradual de ideas o sucesos). A menudo estos modelos de composición están señalados por los modelos semánticos, de los cuales trataremos en el siguiente capítulo. Será útil consultar ambos capítulos juntos al preparar sermones, a fin de estar alertas simultáneamente a ambas clases de modelos. Esta forma de enfoque es familiar para quienes tienen interés en los métodos inductivos de estudio bíblico. Hay dos libros que he encontrado particularmente útiles con respecto a esta clase de modelos de configuración. Uno es *Methodological Bible Study* (Estudio bíblico metodológico), de Robert A. Traina.[17] El otro es *Independent Bible Study* (Estudio bíblico independiente) de Irving Jensen.[18] Los modelos lógicos o de composición que ellos describen se usan en el estudio de la Biblia en inglés, pero pueden ser aplicados igualmente al estudio de la versión castellana o del texto griego. Son valiosos en la determinación tanto del contenido de un pasaje como de la forma del sermón. Hay doce clases de modelos de configuración que considero muy útiles para el expositor.

Comparación o contraste

Este modelo es obvio en Romanos 5:12-19, donde se hace un contraste entre Adán y Cristo en un modelo alternado. En Lucas 7:36-50 hay un contraste entre Simón el fariseo y la mujer pecadora, especialmente en los versículos 44-47. Aun cuando este modelo no provee de la estructura para el pasaje completo, como es el caso en Romanos 5:12-19, sí forma la base para la declaración del versículo 47. Romanos 4:1-25 enseña la justificación por la fe, usando el ejemplo de Abraham. Esto se ve fácilmente como una comparación entre la justificación de Abraham y la nuestra. Cualquiera que pueda ser la estructura de cláusulas de tales pasajes, la manera lógica de estructurar un sermón es de acuerdo con los puntos de la comparación. Una excepción pudiera ser Lucas 7, donde los contrastes en los versículos 44 y 45 son un motivo interno, menos importante, que sirve para destacar el contraste básico entre las dos personas y sus actitudes hacia el pecado y hacia el perdón.

Romanos 8 nos provee de otro ejemplo de contrastes. Pablo contrasta el hecho de poner la mira en las cosas del espíritu y ponerla en las cosas de la carne. Los sufrimientos presentes también son contrastados con la gloria futura. Gálatas 5 tiene el familiar contraste

72 Cómo predicar expositivamente

entre las obras de la carne y el fruto del Espíritu. Efesios 5 contrasta la luz y las tinieblas, la embriaguez del vino y la llenura del Espíritu. Los pasajes del Nuevo Testamento, tanto como su teología, están llenos de contrastes. El cristianismo mismo exige que escojamos entre dos "caminos" contrastantes, entre la vida y la muerte.

Repetición

Este esquema de composición es muy simple, algunas veces reflejando un estilo semítico. Un ejemplo muy conocido es el pasaje de las bienaventuranzas, en el sermón del monte (Mateo 5:3-11). Si esta clase de repetición se convierte en la base de los puntos de un sermón, es necesario ejercer mucho cuidado, so pena de que se torne tedioso o seco. Algunas preguntas deben ser hechas, por ejemplo: "¿Quién es la persona a quien Dios bendice?" En los versículos 21-48 del mismo capítulo Mateo presenta una serie de "antítesis" de Jesús. En esa serie Jesús coloca su propia enseñanza en contraposición con lo que la gente había oído antes. Cada sección comienza con las palabras: "oísteis que fue dicho. . ." Esto ocurre cinco veces. Para tomar un ejemplo más de Mateo, en el capítulo 23 hay una serie de ayes pronunciados por Jesús contra los fariseos. Si queremos un ejemplo de fuera de los evangelios podemos ir a Efesios 4. "Un cuerpo, y un Espíritu. . . una misma esperanza. . . un Señor, una fe, un bautismo, un Dios. . ." (vv. 4-6). Sea que los varios elementos de una serie como esa sean o no apropiados para hacerlos puntos sucesivos de un sermón, el sermón debe, para ser fiel al texto, llamar la atención a la serie. Ella se encuentra allí para llamar la atención tanto hacia los puntos individuales como a su efecto acumulativo. Este es un artificio literario usado bajo la inspiración del Espíritu Santo, y debería permitírsele que haga su impacto completo.

Continuidad

Aquí nos referimos a pasajes que pueden tener o no tener una palabra o frase repetida, pero que tienen un tema común. Mateo 13:24-52 contiene la serie bien conocida de las parábolas del reino. En este caso hay una repetición de la frase "el reino de los cielos es semejante a. . ." pero hay otras enseñanzas en y a través de las parábolas que ocurren antes e incluso durante esta serie. Antes de la serie tenemos la parábola del sembrador, y los comentarios de Jesús acerca del por qué les hablaba en parábolas. Insertada en la serie hay una cita del Salmo 78:2, con respecto a las parábolas. Mientras que el expositor puede hallar aconsejable tratar las parábolas y otros comentarios individualmente, no debe tratarlas como si fueran independientes. Hay un efecto acumulativo que debe captarse si es que vamos a captar el alcance completo de lo que Jesús está enseñando acerca del reino y de los que entran en él.

En Mateo 4:1-11 y en Lucas 4:1-12 tenemos el relato de la tentación de Jesús en el desierto. Aun cuando cada tentación es única, ninguna puede ser aislada de las otras sin menoscabar el pasaje. Regresaremos a estos pasajes un poco más adelante. Lucas 5:17 — 6:11 contiene una serie de diferentes incidentes en la vida de Jesús. Sin embargo, aquí también hay una continuidad marcada por una referencia, en cada situación, a los fariseos. Tomándolos juntos, esos incidentes ilustran las características de Jesús y su ministerio que criticaban los fariseos. Esta serie ocurre básicamente en la misma forma en Marcos y, en diferentes lugares de Mateo. No obstante, hay un elemento de continuidad en Lucas que falta en Mateo y en Marcos. Lucas menciona a los fariseos en cada incidente. Además de eso, menciona a los fariseos al principio mismo del primer incidente, la curación del paralítico. Ni Mateo ni Marcos mencionan siquiera a los fariseos, y sólo presentan a los escribas en la mitad de la historia. Lucas es el único escritor que menciona a los fariseos en el incidente final, la curación del hombre de la mano seca (Lucas 6:6-11). Por lo tanto, nos damos cuenta de que aun cuando Marcos ve una continuidad aquí con respecto a una serie de acciones controversiales de Jesús y sus discípulos, Lucas nos muestra aún más: hay un grupo hostil de observadores, los fariseos. Lucas procede luego a mostrar que la "gente" está abierta a la enseñanza de Jesús, pero que los fariseos, como grupo, no lo están. Esto es parte del diseño de Lucas para mostrar que el cristianismo surgió del judaísmo, y que fue reconocido como una religión legítima por los judíos. No es el pueblo, sino sus líderes, los que tenían la tendencia de rechazar a Jesús.

He escogido ejemplos de continuidad de los evangelios porque esto es menos obvio en ellos que en las epístolas. Tenemos la tendencia a fragmentar los diversos incidentes y las varias enseñanzas de los evangelios, dejando así de observar sus interrelaciones, y por consiguiente, fallando en cuanto a predicarlas apropiadamente. Si quisiéramos seleccionar pasajes de las epístolas como ejemplos de continuidad, nuestros pensamientos probablemente irían primero a la serie de dones en Romanos 12 y 1 Corintios 12.

Clímax

Nos referimos anteriormente a los relatos de la tentación de Jesús que se encuentran en Mateo 4 y Lucas 4. Hay tres tentaciones, diferentes en naturaleza, pero con mucho en común. No sólo eso sino que los evangelistas presentan a la segunda y la tercera tentación en diferente orden. Esto no es problema en cuanto a su historicidad, pero es un fenómeno que merece la atención del intérprete y predicador bíblico. Aun cuando no es posible tener certeza absoluta, parece ser más que probable que Mateo fue guiado por el Espíritu Santo a poner la tentación con respecto a los reinos de este mundo en último lugar, para poder alcanzar un clímax apropiado al tema mesiánico de realeza del Evangelio según San Mateo. Lucas, por otro lado, enfatiza los orígenes judíos del cristianismo y constantemente, tanto en su evangelio como en Hechos, usa a Jerusalén y al templo en particular como símbolo de esta relación. Consecuentemente, le hubiera parecido lo más inapropiado tener hacia el final el último incidente, porque éste tiene lugar en el templo de Jerusalén. Si esto es cierto, ilustra la importancia de observar dónde ocurre el clímax de un suceso o de una serie de declaraciones. Por lo general este se halla en el último punto de la serie.

Sea que nuestra interpretación del orden de las tentaciones sea correcta o no, la función literaria del clímax es suficientemente importante como para hacer esta clase de investigación dondequiera que hay una serie de cualquier forma. El relato de Mateo 8:5-13 y el de Lucas 7:1-10 en cuanto al siervo del centurión, difieren el uno del otro en ciertas maneras apropiadas para cada evangelio. Ambos relatos, sin embargo, concluyen con una declaración de que el siervo fue curado. En Mateo la declaración es hecha en el momento en que Jesús dijo su pronunciamiento. En Lucas encuentran al siervo curado cuando regresan. En cada caso la curación forma el clímax de la historia, aun cuando la declaración ocurra en diferentes puntos cronológicos. Regresaremos a esta historia para otra observación.

En la historia familiar de Jesús durmiendo en el barco durante la tormenta, el clímax no está, como se predica tan a menudo, en el hecho de calmar la tormenta y las olas. Está más bien en la pregunta de los discípulos al final de la historia: "¿Quién es éste, que aun a los vientos y a las aguas manda, y le obedecen?" (Lucas 8:25; Mateo 8:27; Marcos 4:41). En Lucas esta pregunta tiene un lugar importante, como la primera de tres preguntas en cuanto a la identidad de Jesús que observamos anteriormente (Lucas 9:9, donde Herodes pregunta, "¿quién, pues, es éste?" y Lucas 9:20, la pregunta de Jesús, "¿Y vosotros, quién decís que soy?"). Predicar solamente la aplicación de que Jesús aquieta las tormentas de nuestra vida es errar la lección más importante, la verdadera identidad de aquel que ejecuta el milagro.

El clímax del relato de la transfiguración es, en cada evangelio que lo registra, la voz desde la nube. Esto enfoca la atención en la declaración de Dios con respecto a su Hijo. El énfasis final del relato es puesto, por esto, no en lo que fue observado, ni siquiera en la transfiguración de Cristo, sino en la declaración explícita de Dios concerniente al significado de esa transfiguración. En forma interesante, la referencia de Pedro a la transfiguración en 2 Pedro 1:16-18 también enfatiza las palabras que vinieron desde el cielo. Luego procede a hablar de la palabra de los profetas, en los versículos 19-21. Un mensaje sobre la transfiguración debe, por consiguiente, también encontrar su clímax en la proclamación de la declaración de Dios acerca de su Hijo amado.

Anteriormente ya nos hemos referido a los "relatos de controversias" en Lucas 5:17 — 6:11 y los pasajes paralelos en Mateo y Marcos. Es apropiado observar ahora que en cada evangelio la serie de incidentes termina con una declaración de que los líderes tramaban deshacerse de Jesús. Por consiguiente, un sermón que se concentre exclusivamente en, por ejemplo, la enseñanza de Jesús sobre el día de reposo, yerra la función que desempeñan las historias en las narraciones de los evangelios.

En Efesios capítulo 4, la repetición de la palabra "un", que observamos antes, tiene un clímax doble. La declaración final en el versículo 6, "un Dios y Padre de todos, el cual es sobre todos, y por todos, y en todos", pone el clímax de la confesión de fe. Sin embargo, la palabra "un" ocurre una vez más para una clase diferente de clímax. El versículo 7 comienza con esa ocurrencia final, "Pero a cada uno", que en el texto griego está en caso dativo. Es más probable que el lector del texto griego capte esto antes que el lector del texto en español. El punto es que después de haber usado la palabra "un" en una serie para referirse a la unidad, Pablo ahora usa la palabra, "uno", para referirse a la individualidad. De esa manera, Pablo introduce la verdad de nuestra individualidad como un clímax a la serie de referencias a nuestra unidad tanto como una introducción a la sección de los dones individuales que Dios ha dado a su iglesia (vv. 7-13).

Una clase diferente de doble clímax se halla al final de Romanos capítulo 7. En 6:16 — 8:8 Pablo está tratando principalmente acerca de la validez de la función de la ley de Dios. La serie de cuatro preguntas retóricas en los capítulos 6 y 7 concluye con "¿Luego lo que es bueno, vino a ser muerte para mí?" (7:13). Pablo considera esta pregunta final tanto desde el punto de vista de la teología como del de su experiencia personal. El clímax a su experiencia personal es expresado primero en los versículos 24 y 25, en términos de miseria y liberación. El clímax a su argumento teológico sigue a esto en el versículo 25. Luego procede a considerar la consecuencia de todo esto, en el capítulo 8.

La discusión de Pablo de los caminos de Dios para con Israel en los capítulos 9 — 11 alcanza su clímax en la majestuosa doxología de 11:33-36. "¡Oh profundidad de las riquezas de la sabiduría y de la ciencia de Dios! . . . A él sea la gloria por los siglos. Amén." Otra doxología pone el clímax a la oración de Pablo en Efesios 3:14-21. La idea de un clímax doxológico aparece frecuentemente en el Evangelio según San Lucas y en Hechos. Tal es el caso cuando la gente observa la obra de Dios, como por ejemplo, en una curación realizada por el Señor Jesús. Un ejemplo de esto, que ocurre en los tres evangelios sinópticos, es el clímax de la curación del paralítico que fue bajado por el techo. La gente que vio esto "glorificó a Dios" (Mateo 9:8; Marcos 2:12; Lucas 5:26). Lucas menciona también que el que había estado paralítico se fue a su casa, "glorificando a Dios" (Lucas 5:26). En nuestra preocupación por enseñar doctrina y hacer aplicaciones prácticas en nuestros sermones, debemos tener cuidado de no pasar por alto la meta más importante de todas, la de adorar a Dios. ¿Cuántos de nuestros sermones realmente alcanzan este clímax?

Punto crucial

Esto se refiere bien sea a un punto en un argumento narrativo o lógico que es de extrema importancia, o a un punto en que la discusión toma un giro muy significativo. La historia acerca de la curación del siervo del centurión alcanzó su clímax, como ya vimos, en la afirmación final de que el siervo fue curado. Sin embargo, hay un punto previo en la historia que es crucial tanto en la narración en sí misma como en su significación para nosotros. Se trata de la expresión de fe del centurión, y el elogio que Jesús hizo de ella. Sin esto, la historia no podría haber continuado. Sin esto, la historia probablemente no hubiera sido incluida en las Escrituras. La expresión de esa fe de parte de un gentil es lo que da a la historia su significación particular. La expresión y el elogio de esa fe es el punto en que cambia la dirección de la narración. Eso debe también tener su lugar en el sermón. Si nuestro intento de estructurar el sermón en partes proporcionalmente iguales menoscaba en la mente de la congregación la importancia particular de este punto decisivo, la estructura de nuestro sermón habrá distorsionado el significado del pasaje. Ser fiel al significado de las Escrituras, en este caso, significa llamar la atención a ese punto decisivo.

Si quisiéramos mencionar ejemplos de puntos cruciales en el Nuevo Testamento, probablemente uno que vendría a nuestra mente de inmediato sería la confesión de Pedro: "Tú eres el Cristo, el Hijo del Dios viviente" (Mateo 16:16 y paralelos). Este es el punto crucial no sólo del pasaje, sino de cada uno de los evangelios sinópticos y, en realidad, de todo el ministerio del Señor Jesús.

Otro ejemplo tal vez no sea fácilmente reconocido. En Apocalipsis 10, después que la "séptima trompeta" suena, un ángel jura solemnemente "por el que vive por los siglos de los siglos, que creó el cielo y las cosas que están en él, y la tierra y las cosas que están en ella, y el mar y las cosas que están en él" (v. 6). La fraseología empleada en este impresionante juramento nos alerta de la importancia de lo que se está diciendo. Las próximas palabras son que "el tiempo ya no sería más". Anteriormente en Apocalipsis los mártires habían clamado: "¿Hasta cuándo, Señor, santo y verdadero, no juzgas y vengas nuestra sangre entre los que moran en la tierra?" (6:10). La pregunta: "¿Hasta cuándo?" surge junto con otra pregunta que se hace con frecuencia: "¿Por qué?" Luchamos con "el problema del mal" y con el "misterio de iniquidad" (2 Tesalonicenses 2:7). Entretanto, etapa por etapa, y siglo tras siglo, Dios está revelando su "misterio", su propósito y el plan que está desarrollando a través de la historia. Ahora, en Apocalipsis 10, el tiempo ya no será más, y "el misterio de Dios se consumará, como él lo anunció a sus siervos los profetas" (v. 7). Claramente, este es un punto crucial en el libro de Apocalipsis, en la experiencia del pueblo de Dios, y en la historia del mundo. Lo crucial del momento es proclamado aún más en las palabras: "Los reinos del mundo han venido a ser de nuestro Señor y de su Cristo; y él reinará por los siglos de los siglos" (11:15).

Intercambio

Esta característica fue observada anteriormente cuando notamos que las personas se alternan como el sujeto de la narración de Lucas en los capítulos 1 y 2. Lucas llama la atención primero a la proximidad del nacimiento de Juan el Bautista, luego al de Jesús, y luego se vuelve al uno o al otro alternadamente. Otro ejemplo es el intercambio que involucra a la hija de Jairo y a la mujer que padecía de flujo de sangre (Marcos 5:21-43 y paralelos). En Romanos 5:12-19 hay una alternancia (tanto como contraste básico) entre Adán y Cristo. Romanos 7:7-25 presenta un intercambio entre la ley y el reconocimiento humano de su validez por un lado, y la ley del pecado y de la muerte con nuestro pecado y fracaso carnal, por el otro. Pablo pasa del uno al otro, y viceversa, a medida que presenta el argumento.

Particularización

Mateo 6 prosigue registrando el sermón de Jesús en el monte con las palabras: "Guardaos de hacer vuestra justicia delante de los hombres, para ser vistos de ellos." Luego Jesús pasa de esta generalización en cuanto a "vuestra justicia", a casos particulares. Específicamente trata de la limosna que se da a los pobres (v. 2), de la oración (v. 5), y del ayuno (v. 16).

Tanto Mateo como Lucas describen el ministerio de Juan el Bautista. Juan les decía a quienes se congregaban para escucharle que debían esforzarse por producir frutos dignos de arrepentimiento (Mateo 3:8, Lucas 3:8). Solamente Lucas particulariza esta exhortación general. En los versículos 10 al 14, en respuesta a la pregunta de la multitud: "Entonces, ¿qué haremos?" Lucas se refiere a compartir la ropa, la responsabilidad al recaudar los impuestos, y al dominio propio de parte de los soldados. El pasaje de Efesios 4 que citamos anteriormente como ejemplo de clímax podría también ser mencionado como un ejemplo de particularización. Después de referirse a la unidad del cuerpo, en los versículos 3-6, donde Pablo repite las palabras "un" o "una", procede a referirse a nuestra individualidad: "Pero a cada uno de nosotros fue dada la gracia..." (v. 7). A continuación, en los versículos 11-13 Pablo especifica los dones que Dios ha dado a su Iglesia. De la misma manera, en Romanos 12 y 1 Corintios 12 Pablo particulariza los dones de Dios.

Esta figura literaria de la particularización es de ayuda especial para el predicador, porque es nuestra responsabilidad tomar las verdades bíblicas en cuanto a Dios y su Palabra y aplicarlas en maneras particulares a nuestra propia situación. La particularización conduce a la aplicación.

Generalización

Esto, por supuesto, es lo inverso a la particularización. Comenzando de nuevo con el sermón del monte, leemos en Mateo 5:21-47 una serie de ejemplos específicos de las normas morales que Jesús estableció para sus seguidores. Como conclusión a esos ejemplos particulares de adulterio, de juramentos y otros casos, Jesús hizo una generalización: "Sed, pues, vosotros perfectos, como vuestro Padre que está en los cielos es perfecto." En 7:12 establece otra generalización: "Así que, todas las cosas que queráis que los hombres hagan con vosotros, así también haced vosotros con ellos; porque esto es la ley y los profetas." Aun cuando viene a continuación de varios versículos de enseñanza en cuanto a la oración, su función como generalización es que resume la dirección básica del sermón del monte. Le sigue luego la admonición: "Entrad por la puerta estrecha. . ." y la advertencia contra los falsos profetas y la falsa profesión de fe. El sermón concluye con la parábola de la casa sobre la roca y la declaración de que Jesús "enseñaba como quien tiene autoridad" (7:29).

Si queremos un ejemplo tomado de las epístolas, podemos ir a Romanos 13. Allí Pablo hace una lista de los deberes de un ciudadano cristiano responsable (vv. 6, 7). A esta particularización sigue una generalización: "No debáis a nadie nada, sino el amaros unos a otros" (v. 8). El predicador que reconoce esto como una generalización que se relaciona a los particulares señalados en los versículos 6 y 7 no cometerá el error de exhortar a su congregación en contra de contraer deudas, basando su exhortación en el versículo 8. La generalización nos ayuda a encontrar un principio por el cual vivir.

Causa y Efecto

El ejemplo, tomado de los evangelios, lo hallamos en Mateo 21:33-46. La parábola de los arrendatarios, con su enseñanza en cuanto al rechazo de Jesús por parte de los que debían haberle rendido honor, es claramente lo que causó que los líderes intentaran arrestarlo (vv. 45, 46). El mismo efecto recibe incluso mayor atención en el Evangelio según San Juan; en ese caso, con ocasión de la resurrección de Lázaro. Después de ese milagro, y de la respuesta de muchos judíos que creyeron en Jesús (11:45), los líderes decidieron que había llegado el momento de quitar a Jesús del camino (vv. 47-53). Esto proporciona un ejemplo adicional de un "punto crucial". Claramente, este es un punto decisivo en la vida de Jesús. El capítulo 11 concluye con las órdenes que se dictan para que se informe del paradero de Jesús, para poder arrestarlo (v. 57). La narración que Juan hace de la Pasión de Jesucristo comienza inmediatamente en el siguiente versículo (12:1). La pascua se acerca, y María unge a Jesús "para el día de [su] sepultura" (v 7)

Romanos 1:18-32 provee de otro buen ejemplo de "causa y efecto".

Aquí Pablo hace una lista de pecados vergonzosos de la humanidad. En el versículo 32 vemos que el efecto final del pecado es la muerte, pero el efecto inmediato de perversión es que aquellos que lo practican continúan haciéndolo, e incluso lo aprueban.

Algunas veces la distinción entre efecto y propósito no es muy claro. Esto es en parte debido a nuestra incertidumbre ocasional en cuanto a interpretar la partícula griega *(jína)* como "para que" (propósito) o "de modo que" (resultado). A menudo, considerando la providencia de Dios, la distinción no es importante. Si un efecto es claramente lo que se intenta lograr, podemos considerarlo como una declaración de propósito. Por ejemplo, en 1 Corintios 2:1-5, Pablo explica por qué no predicaba con elocuencia. La razón, que también fue el efecto de su acción, era "para que vuestra fe no esté fundada en la sabiduría de los hombres, sino en el poder de Dios". Esto corre paralelo con el párrafo anterior, en el cual Pablo explica que Dios no escogió mucha gente con abundancia de talento, "a fin de que nadie se jacte en su presencia" (1:29), y para que nosotros podamos gloriarnos "en el Señor" (v. 31).

Es de particular importancia que el predicador observe la causa y el efecto (junto con el propósito), porque es responsabilidad del predicador hacer a la gente consciente del alcance de sus propias acciones y decisiones. En un sentido, toda la Biblia es una serie de relaciones de causa y efecto. Esto es tal vez mucho más claro en los profetas del Antiguo Testamento. Es importante examinar los pasajes buscando esta clase de relación, porque algunas veces se halla más bien en forma implícita antes que declarada abiertamente. Bien sea que esté encubierta, o que sea parte de un claro modelo de composición, el mensaje, si está presente, debe tener la misma fuerza en el sermón que la que tiene en el texto.

Prueba o verificación

Esto significa proporcionar la base para la razón de algo. Por ejemplo, en Mateo 16:24-27 Jesús habla acerca de tomar la cruz y de ganar la vida verdadera. La importancia de los asuntos que están involucrados se torna clara en el versículo 27: "Porque el Hijo del Hombre . pagará a cada uno conforme a sus obras." Si predicamos sobre el discipulado a partir de este pasaje, pero no proveemos la verificación que Jesús mismo hizo, habremos fracasado en cuanto a dar la enseñanza de Jesús en la perspectiva correcta y en su plenitud.

La enseñanza de Jesús acerca de las posesiones, en Lucas 12:13-34 recibe su comprobación en varias etapas. Por ejemplo, el versículo

31 nos asegura que "todas estas cosas [les] serán añadidas" a los que buscan el reino de Dios. Al final del siguiente párrafo (vv. 32-34), el cual incluye la palabra "tesoro", Jesús indica la prueba de la siguiente manera: "Porque donde está vuestro tesoro, allí estará también vuestro corazón." Si exhortamos a nuestra congregación a realizar alguna acción costosa, le fallaremos y no haremos justicia a las enseñanzas de nuestro Señor si no les proporcionamos la base para la seguridad que El nos ha dado con respecto a tal acción. Nuestra exhortación puede convertirse en un ruego, una amenaza, o una adulación, que tenga de todo menos la motivación apropiada, si erramos la motivación dada en el texto bíblico. Este hecho de verificar una aseveración puede ocurrir en muchas clases de enseñanza bíblica. En los ejemplos dados arriba, es una base para la obediencia. Puede también ser una base para la doctrina bíblica o las promesas divinas. Citamos a menudo Romanos 8:28; pero, ¿procedemos también a verificar las razones que respaldan la afirmación de que Dios obra en todo para nuestro bien? Esa promesa a menudo ha parecido hueca para las personas que han experimentado tragedia en su vida. La verificación viene en los versículos 29 y 30. Allí vemos el propósito y la soberanía de Dios. El versículo 29 comienza: "Porque. . .", que traduce el vocablo griego (*jóti*). La razón por la cual "sabemos" que Dios está obrando para nuestro bien es explicada en los versículos 29 y 30, que concluyen con: "a los que justificó, a éstos también glorificó."

Otros ejemplos abundan en las epístolas. Los versículos familiares: "Porque por gracia sois salvos. . ." (Efesios 2:8ss) son en sí mismos la verificación para la enseñanza que Pablo ha estado dando en este capítulo. El próximo capítulo de Efesios comienza con: "Por esta causa. . ." (3:1). En este caso, es lo que ha precedido lo que provee de verificación para lo que va a decir después (el final de su oración en los vv. 14-21).

Continuando en Efesios, podemos notar que las advertencias de Pablo en contra de la inmoralidad, en 5:3-7, no son palabras vacías, sino que se basan en dos hechos solemnes. (1) "Porque sabéis esto, que ningún fornicario, o inmundo, o avaro. . . tiene herencia en el reino de Cristo y de Dios", y (2) ". . . porque por estas cosas viene la ira de Dios sobre los hijos de desobediencia" (vv. 5, 6).

Si nosotros, como predicadores, estamos interesados en persuadir y motivar a las personas a tomar decisiones cruciales en su vida y para con Dios, debemos proveerles de una motivación bíblica para hacerlo. Si vamos a persuadir a las personas para que reconozcan las verdades de Dios presentes en su Palabra, debemos proveerles de una base lógica adecuada para tal aceptación. Repitiendo, si intentamos hacer esto por nuestros propios poderes de persuasión, dejando a un lado la misma verificación que Dios da en sus propias palabras, habremos puesto el brazo débil de la carne en sustitución del poder del Espíritu de Dios que habla mediante su Palabra inspirada.

Radiación

De todos los modelos de composición que se han discutido hasta aquí, probablemente este es el que menos ayuda estructural ofrece para un bosquejo de sermón. El reconocimiento de este modelo, no obstante, nos alertará en cuanto al tipo y cantidad de material que debe ser considerado junto, como unidad. En el modelo de radiación hay un tema central que se expande hacia afuera en varias direcciones, como los rayos de una rueda. La idea es primeramente desarrollada de una manera, y luego de otra. Marcos 7 y Mateo 23 contienen una serie de comentarios que Jesús hizo acerca de los fariseos. En Marcos 7 se encuentra cierta progresión, la cual observaremos dentro de poco. Mateo 23 destaca la repetición de la palabra "ay", como se observó anteriormente. Aparte de esto, es difícil encontrar una estructura lógica clara.

Los capítulos 12 y 16 de Lucas registran varias enseñanzas del Señor Jesús en cuanto al tema de las posesiones materiales. Hay interrelaciones claras, pero no en orden lineal. En 1 Corintios 15 hay una sucesión de comentarios sobre el tema de la resurrección. Los puntos que Pablo hace siguen el uno al otro naturalmente, pero están conectados más lógicamente con el tema básico que lo que están el uno con el otro. Sin embargo, esto no es obstáculo para la construcción de un bosquejo lógico del pasaje.

Progresión

No siempre es fácil decir cuándo un autor está estableciendo conscientemente una progresión de pensamiento. Debido a que Juan tiende a usar sinónimos con poca diferenciación en significado, es difícil saber si la sucesión de diferentes palabras griegas para "ver", en el relato de la resurrección en Juan 20:3-9, lleva la intención de indicar un progreso en la percepción.

La progresión es más clara en Marcos 7. En el versículo 8 Jesús dice: "Porque dejando (*aféntes*) los mandamientos de Dios, os aferráis a la tradición de los hombres." En el versículo 9 dice: "Bien invalidáis (*athetéite*) el mandamiento de Dios. . ." Jesús concluye en el versículo 13: "Invalidando (*akuroûntes*) la palabra de Dios con vuestra tradición. . ." Esto incorpora también la figura literaria de equivalencia. Cada declaración tiene una referencia a los mandamientos, o a la Palabra de Dios, y a la tradición de los fariseos, pero el verbo es diferente en cada caso ("dejando", "invalidáis", "invalidando" [haciendo nulo]). El elemento de progresión yace en el hecho de que cada uno de estos es una ofensa progresivamente más seria contra los mandamientos de Dios.

Romanos 1:18-22 contiene una progresión. En este caso, las actividades centrales de la humanidad parecen degenerar más y más a medida que el capítulo continúa. Efesios 4:11-13 debe ser probablemente entendido también como una progresión. Dios da líderes dotados; éstos preparan al pueblo de Dios; el pueblo de Dios realiza la obra del servicio; el cuerpo de Cristo es edificado; alcanzamos la unidad de la fe y del conocimiento del Hijo de Dios; alcanzamos la madurez, y finalmente alcanzamos "la medida de la estatura de la plenitud de Cristo". Otra progresión ocurre más adelante en el mismo capítulo. Si un ladrón se convierte, (1) "no hurte más", (2) "sino trabaje", y (3) "para que tenga qué compartir con el que padece necesidad" (v. 28).

Es aparente ya que cuando nos disciplinamos para estar alerta a estos doce modelos de composición, lograremos dos cosas. Primera, es muy probable que hallemos un modelo que en sí mismo puede formar la base para el bosquejo del sermón. Segunda, y más importante, tendremos la tendencia a seguir de cerca la propia dirección de pensamiento del autor, antes que superponer nuestras propias impresiones.

Capítulo cinco

Los datos:
Modelos semánticos

La importancia de modelos semánticos

Los modelos semánticos pueden estar formados por partes de algunas palabras (voces, prefijos, sufijos, raíces), palabras, o incluso frases enteras. Hay modelos simples que son indicados por sonidos similares o apariencia similar en el griego; pero también hay otros modelos que involucran varias relaciones de significado. Trazar éstas requiere cuidadosa investigación y estudio del léxico. También requiere juicio maduro a fin de determinar exactamente cuáles modelos son realmente significativos y cuáles son sencillamente de estilo o incluso no intencionales. Los modelos semánticos son generalmente de menos ayuda para estructurar un sermón que los modelos de narración o de composición. Sin embargo, pueden ser sorprendentemente beneficiosos de dos maneras. Primero, pueden alertar al lector en cuanto a modelos de composición más grandes. Unas pocas palabras que se destacan en contraste con otras, por ejemplo, pueden llamar la atención a un marco principal de composición de contraste. Segundo, los modelos semánticos pueden revelar una serie de ideas que no afloran en el principal esquema del pensamiento de un autor. Son como pequeñas pinceladas que aplican colores contrastantes o en armonía, para darle a una pintura una más detallada definición y belleza. El expositor que se inclina a encuadrar su edificio sermónico (para cambiar la metáfora) usando los materiales de construcción más obvios en el texto, puede pasar por alto esos materiales de apoyo y decorativos que hacen de una estructura una vivienda única y habitable. Los escritores del Nuevo Testamento no emplearon figuras literarias únicamente por efectos estéticos; las emplearon para lograr efectos espirituales. A veces, incluso, las usaron como parte de la estructura básica.

Encontramos un hermoso ejemplo de ambas funciones, material básico para un bosquejo y material suplementario destinado a producir efectos espirituales, en Hebreos 1:1-4. La epístola comienza con dos palabras de sonido tan similar que no hay posibilidad de que su efecto sea pasado por alto por parte de quienes lo escuchan leer: (polumerôs kaì polutrópos). Estas palabras, significando "muchas veces y de muchas maneras", sirven para introducir el mensaje de Hebreos acerca de la revelación final de Dios en Cristo, al llamar la atención a la naturaleza fragmentaria de la revelación del Antiguo Testamento. La manera dispersa en que Dios habló, a través de cierto período de tiempo, en muchas circunstancias, y por medio de diferentes personas, está en agudo contraste con el enfoque de la revelación de Dios por medio de la persona de su Hijo en la Palestina del primer siglo. Esto no es sólo una introducción lógica precisa al argumento de la carta a los Hebreos, sino que también es una manera excelente de atraer la atención. La similitud de los sonidos hace que el lector o el oyente se enderece en su asiento y preste atención a lo que se va a decir. Es la clase de figura retórica que no trata finalmente de lograr un efecto estético sino un efecto espiritual.

El autor de Hebreos continúa con una serie de contrastes. Esta es la clase de modelo de composición que acabamos de observar. En este caso, involucra ciertos modelos semánticos. Hay una serie de palabras y frases que, aun cuando no son técnicamente antónimos o polos opuestos, funcionan como tales en el contexto. Estos incluyen: (1) *pálai*; ("en otro tiempo") en contraste a *ep' eskátou tôn jemerôn túton*; ("en estos postreros días"); (2) *toîs patrásin*; ("a los padres") en contraste a *jemîn*; ("nos", "a nosotros"); (3) *en toîs profétais*; ("por los profetas") en contraste a *en juiô*; ("por el Hijo"). El autor ha intensificado el contraste aún más al colocar esta serie de opuestos en dos tipos de cláusulas. Las referencias a la revelación del Antiguo Testamento están colocadas en una cláusula de participio dependiente (*lalésas. .*, "habiendo hablado"), en tanto que la descripción de la revelación final de Dios en Cristo es colocada en la cláusula principal con el verbo en el aoristo de indicativo (*elálesen*, "ha hablado" o "habló").

Hacia la conclusión de este párrafo en Hebreos 1, el autor desea mostrar la superioridad de Cristo sobre los ángeles. Lo hace así al comparar el "nombre" de los ángeles con el nombre mucho más superior del Hijo. Algunas traducciones, especialmente las que intentan ser literales, tropiezan con este versículo. La versión Reina-Valera también se presta para cierto mal entendimiento, porque tra-

duce kreítton como "superior" y diaforóteron como "más excelente".
Las dos palabras griegas son traducidas mejor como sinónimos porque, aunque tienen pequeñas diferencias lexicográficas, sus significados se superponen. La función de ellas aquí es facilitar una comparación. Si se traduce ambas palabras con "superior", el resultado
es una comparación muy clara y simple: "hecho tanto superior a los
ángeles así como el nombre que heredó es superior al de ellos". De
este manera, el reconocimiento del modelo semántico ha resultado
en una mejor traducción y, de forma importante para nosotros, también en una mejor estructura. Con estos claros modelos tanto al
principio como al final de este párrafo de apertura, el predicador
puede estructurar un sermón que es bien ordenado, a la vez que es
fiel a la intención del pasaje. Esto también significa que tendrá un
claro entendimiento de la dirección que el autor de Hebreos toma
en los párrafos subsiguientes, al usar una serie de contrastes para
mostrar la superioridad del Hijo de Dios.

No entraremos en tanto detalle para cada modelo semántico. Este
ejemplo debe alertarnos a las posibilidades del descubrimiento. Las
siguientes categorías se anotan brevemente para llamarnos la atención a las clases de modelos que pueden ser fructíferos para nuestro
estudio y nuestra preparación para el sermón.

Categorías de modelos semánticos

Sinónimos

La mayoría de los predicadores, especialmente los de una gener-
ación previa, probablemente habrán oído de la obra *Synonyms of
the New Testament* (Sinónimos del Nuevo Testamento),[19] escrita
hace más de cien años por Richard Chenevix Trench. Los estudiantes
contemporáneos saben que su análisis de los varios sinónimos griegos necesita ser revisado a la luz de los estudios léxicos más recientes.
Sin embargo, aquella obra todavía se yergue no sólo como una her-
ramienta muy útil sino también como un monumento a las riquezas
del vocabulario griego. Nuestro interés aquí, no obstante, no es tanto
con aquellos sinónimos que se hallan esparcidos por todo el Nuevo
Testamento, sino más bien con palabras de significado bastante similar, que ocurren dentro de un pasaje o su contexto. Hemos visto ya
que la clasificación de sinónimos no es un asunto fácil. En Juan 20,
el autor usa tres diferentes palabras para referirse al acto de ver:
blépei (v. 5), theoreí (v. 6), y éiden (v. 8). Aun cuando algunos han
sugerido que estos representan un incremento en el grado de percepción, es difícil verificar tal reclamo basándose en las palabras en
sí mismas. Sin embargo, incluso si las palabras son suficientemente
intercambiables al punto de no poder por sí mismas respaldar una

interpretación de una percepción creciente, la adición que Juan hace del verbo "creer" muestra que la percepción de ellos los guió a la fe.

Enfrentamos una situación similar en el siguiente capítulo de Juan, con el intercambio familiar de los verbos *agápao* y *filéo* ("amar"). Muchos predicadores han hecho una distinción entre estas dos palabras, y es verdad que en este caso, tanto como en los verbos para ver que acabamos de considerar, hay ciertos matices de significado que los diferencian. Sin embargo, es difícil aseverar con certidumbre absoluta que Juan intentaba dar la idea de una clara diferencia entre ellos, en este contexto. La tristeza de Pedro cuando Jesús le preguntó por tercera vez: "¿Me amas?" (v. 17) es más probable que se deba a que Jesús repitió la pregunta tres veces, tal como Pedro le negó tres veces, antes que al hecho de que Jesús haya usado una palabra diferente (en arameo) la tercera vez que le hizo la pregunta.

Es digno de notarse aquí que Juan no sólo tiene la tendencia de usar una palabra diferente como si fuera un sinónimo sino también la de usar una palabra con significado diferente. El ejemplo mejor conocido de esto es el uso de *ánothen* con el doble significado de "de nuevo" y "de arriba" (Juan 3:3). También es posible que cuando Jesús dijo: "Y yo, si fuere levantado", quería indicar no sólo en la cruz, (Juan 12:32) sino también en la gloria. Otro ejemplo muy importante para el predicador es el uso que Juan da a la palabra "creer". En Juan 2:23-25 vemos que muchas personas creyeron cuando vieron los milagros que Jesús hizo en Jerusalén, pero que "Jesús mismo no se fiaba de ellos, porque conocía a todos". También en Juan 8:30, leemos que "muchos creyeron en él". Las palabras muestran que no eran todavía creyentes en el sentido verdadero más profundo. Esto es muy claro cuando apenas unas pocas frases más adelante les dice que ellos son hijos del diablo. Sea que haya una clara diferencia entre creerle *a* Cristo y creer *en* (*eis*) Cristo (v. 30), o que no la haya, el verbo es el mismo. Además, en la ocasión anterior, en Juan 2:23, de aquellos cuya "fe" no era de fiar se dice que creyeron "en" (*eis*) su nombre. Si el expositor del Evangelio según San Juan va a ser fiel en su predicación a la revelación de Dios que se halla en ese evangelio, debe estudiar con mucho cuidado estos dobles significados, tanto como el uso que Juan hace de los sinónimos.

Encontramos otro uso de vocablos sinónimos en el capítulo 12 de Lucas. En respuesta al hombre que le pidió que dictara sentencia en el caso de la herencia familiar, Jesús le dijo que: "la vida del hombre no consiste en la abundancia de los bienes que posee". La palabra para vida aquí es *zoé* (v. 15). Luego Jesús contó la historia del rico insensato. En esa historia El usa la palabra *psuqué* ("alma" o "vida") varias veces, aparentemente como sinónimo de zoé. La palabra psuqué se usa otra vez en los versículos 22 y 23, donde el pensamiento es bastante paralelo al del versículo 15, donde la palabra que se usa es otra, esto es, zoé. Es seguro que estas palabras son diferentes, a menudo usadas en diferentes marcos de referencia. Sin embargo, en este pasaje, el énfasis no está en su diferencia, sino en su similitud. Jesús está hablando acerca de aquel aspecto del hombre que se halla más allá de lo físico o material. Además, aquí la versión Reina Valera traduce acertadamente zoé como "vida" y psuqué como "alma"; sin embargo, tal distinción no es realmente apropiada aquí, y resulta en la expresión arcaica contenida en el versículo 19: "y diré a mi alma: Alma. . ." Las palabras con que empieza el diálogo del hombre consigo mismo: "Y él pensaba dentro de sí, diciendo: ¿Qué haré. . ?" son una manera apropiada para expresar la deliberación del hombre consigo mismo. El predicador, al usar lenguaje contemporáneo, especialmente en el versículo 19 (nada teológico se pierde en este caso al omitir la palabra "alma"), y usando la palabra "vida" tanto para zoé como para psuqué, unifica a la vez que simplifica la narración. Así enfoca el contraste entre la verdadera vida y nuestra existencia temporal en el mundo material.

Campos semánticos

Las palabras que no son sinónimas o casi sinónimas pueden todavía estar relacionadas muy de cerca. Puede ser que pertenezcan al mismo concepto básico, pero que describan diferentes aspectos del mismo. Si es así, se dice que están en el mismo campo semántico. Una palabra que pertenece a un campo semántico en un contexto puede ser clasificada en otros campos semánticos en otros contextos, si participa de cierta similitud con ellos. En el ejemplo que se da a continuación, he escogido el concepto general de "tiempo". Primero, he diagramado cuatro palabras de significados más o menos contiguos. La palabra krónos generalmente tiene que ver con la sucesión del tiempo; kairós a menudo significa una temporada o época particular y oportuna; jóra no significa solamente "hora", sino también tiene que ver, especialmente en Juan, con cierto tiempo señalado; tò nûn "ahora", se refiere a las circunstancias presentes de uno. Un escritor puede usar cualquiera de estas palabras para describir el momento presente, si resulta apropiada para su énfasis. Son diferentes, pero se hallan relacionadas muy de cerca. Su relación pudiera ser diagramada como sigue·

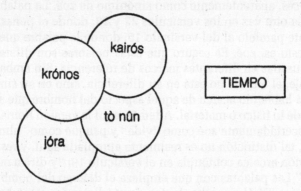

kairós

krónos

tò nûn

jóra

TIEMPO

Hay conceptos relacionados que podrían también mencionarse como perteneciendo al mismo campo semántico. Hay algunas palabras específicas que vienen a la mente, tales como "edad" (*aión*), "súbitamente", "de repente", "el día", para nombrar unas pocas. Igualmente relacionadas se hallan frases tales como "el que viene" (*jo erkómenos*), y la descripción que Jesús hace del lugar de tormento sin fin como el lugar "donde el gusano no muere". La última frase puede parecer muy extraña en este campo semántico, y sin embargo al usarla Jesús emplea la idea de una continua sucesión de gusanos, tal como uno encontraría en el Valle de Hinóm, en las afueras de Jerusalén, como un medio de expresar algo inacabable en un ambiente repulsivo y doloroso. De la misma manera, las palabras "¿Hasta cuándo. . ?" en Apocalipsis 6:10, expresan la idea de una espera sin fin que tiene lugar bajo circunstancias adversas, idea que se halla ciertamente relacionada al concepto del tiempo.

El darse cuenta de los campos semánticos ayuda al predicador de dos maneras. Lo hace más sensible a las conexiones del pensamiento que contribuyen a la unidad y al significado del pasaje. También lo hace pensar más allá de las palabras individuales llevándolo a pensar en las dimensiones de la experiencia humana. Esto quiere decir que estamos en mejor posición de relacionar las Escrituras a la vida presente de nuestra congregación. Para continuar usando el ejemplo del tiempo, hay indudablemente en cualquier congregación quienes están hostigados, acosados por la urgencia, y que tratan de planear bien a fin de alcanzar a hacer, en el tiempo disponible, todo lo que tienen que hacer. Algunos están esperando que otros actúen, que las órdenes sean entregadas por los proveedores, que los huesos suelden, que los hijos regresen, o, tal vez, que los cónyuges se conviertan. La mayoría podrá recordar su pasado antes de recibir a Cristo, y apreciará las referencias al tiempo que se hacen en Efesios 2, al decir:

"En aquel tiempo" (v. 12) y "Pero ahora" (v. 13). Además, todos los creyentes están esperando el retorno de Cristo, e incluso aparte de los detalles en cuanto al tiempo del rapto, se emocionan ante los pensamientos acerca "del que viene", y por las palabras de Hebreos 10:37: "Porque aún un poquito, y el que ha de venir vendrá, y no tardará." De igual manera, las palabras del Señor Jesús al concluir el libro de Apocalipsis se dirigen a nuestro sentido de expectación: "Ciertamente vengo en breve."

Antónimos o polos opuestos

Los antónimos son, por supuesto, palabras que significan lo opuesto de otras. Para esta y las próximas categorías, voy a tomar ejemplos extraídos de Romanos 5. Esto nos ayudará a ver la interacción de las palabras en un pasaje. Romanos 5:1-11 contiene varios antónimos. En los versículos 6-8, "impíos" y "pecadores" son opuestos a "justo" y "bueno". En el versículo 10, los opuestos son "muerte" y "vida".

Palabras que se superponen

Estas son palabras que tienen significados distintivos, pero que, cuando se usan en el mismo contexto, su significado se superpone en cierto grado. En Romanos 5:9 Pablo dice que hemos sido "justificados" por la "sangre" de Cristo. En el versículo 10 dice que hemos sido "reconciliados" con Dios mediante la "muerte" de Cristo. Pablo no está hilando fino en cuanto a la distinción entre justificación y reconciliación, sino más bien usando ambos términos para indicar la obra que Dios ha hecho para hacernos aceptables en su presencia (vv. 1, 2). De igual manera, aun cuando la palabra "sangre" generalmente significa algo diferente de "muerte", en este contexto ambas palabras, "sangre" y "muerte", se refieren en general a la obra salvadora de Cristo por los pecadores.

Palabras contiguas

Observamos arriba que algunas palabras contiguas tratan con cierto aspecto del tiempo. En Romanos 5 hay varias palabras que se usan con referencia al estado de aquellos que no han sido reconciliados con Dios. Son "débiles", "impíos", "pecadores" y "enemigos" (vv. 6-10). Estas palabras no se superponen en significado, sino que se hallan relacionadas en sus conceptos.

Inclusión

Esto se refiere a una palabra que tiene un significado que está incluido en el significado de otra. En Romanos 5:7 Pablo dice: "Ciertamente, apenas morirá alguno por un justo; con todo, pudiera ser que alguno osara morir por el bueno." Es difícil saber exactamente qué diferencia quería hacer Pablo entre "justo" y "bueno". Una posibilidad es que cuando habla del "bueno", está refiriéndose a alguien muy especial que no sólo es justo sino que también de alguna manera ha sido benefactor de alguien.[20] Si esta interpretación es correcta, la rectitud se da por sentada, o está "incluida" en la calidad de "bueno".

Equivalentes

Cuando tratábamos de la elaboración de un bosquejo de párrafo en Romanos 5:1-11, observamos que ciertas frases son muy similares (esto es, equivalentes) entre sí, con la excepción de una o dos palabras. Este artificio permite al autor enfatizar por repetición ciertas palabras importantes y al mismo tiempo avanzar en su pensamiento, al introducir nuevos conceptos cada vez que la frase se repite. En ciertas ocasiones este detalle puede proporcionar la estructura para el bosquejo para un sermón.

Palabras cognadas y que contienen voces similares

En esta categoría se hallan las palabras que pueden estar o pueden no estar relacionadas directamente unas con otras en su significado contextual, pero que tienden a llamar la atención del lector juntamente a ambas. Juicio cuidadoso es necesario aquí, so pena de dar por sentado, en un caso dado, que el autor intentaba captar la atención del lector, cuando en realidad fue una simple yuxtaposición por coincidencia. Dejamos Romanos 5 en este punto, a fin de encontrar ejemplos claros en otras partes. En Filipenses 2:17 y 18 no hay duda de que Pablo repite deliberadamente cuatro veces la raíz *kair...* ("gozo"). Esto recalca la idea de regocijarse y de regocijarse juntos. En los próximos dos versículos, los versículos 19 y 20, repite la raíz *psuqu* ("alma") y los cognados *eupsuquô* e *isópsuquon*. En este caso las palabras tienen diferentes significados y uno no puede decir en forma categórica si Pablo usó o no la una separándola deliberadamente apenas ocho palabras de la otra. Sin embargo, el hecho de que Pablo está recalcando actitudes del corazón, de la mente y del alma en Filipenses, nos hace meditar en cuanto a esta similitud. No es a menudo que se reconoce que la idea de una actitud mental es incluso más prominente en Filipenses que la idea del gozo. La palabra *jegéomai* "pensar" o "considerar", ocurre cinco veces, en 2:3, 6, 25; 3:7, 8 (dos veces). La palabra *logízomai*, "reconocer" o "considerar", ocurre en 3:13 y en 4:8. *Fronéo* se halla seis veces, en 1:7; 2:2 (dos veces), 5; 3:15, 19; 4:2, 10. El corazón de la epístola es el capítulo 2, con su descripción del "sentir" (o actitud mental) de Cristo. De modo que resulta natural para Pablo, en 2:19, 20, señalar su actitud mental de regocijo (*eupsuquô*) y hacer hincapié en que la preocupación de Timoteo por las personas mostraba que tenía también la misma actitud mental o sentir (*isópsuqon*) que Pablo, al poner palabras similares cerca la una de la otra en el texto.

Un ejemplo inequívoco de este procedimiento se halla en Efesios 2:5, 6 y también en 3:6. En el primer caso, Pablo está hablando de nuestra vida, resurrección, y posición con Cristo en "los lugares celestiales". Pablo usa tres verbos: *sunezoopoíesen* ("nos dio vida juntamente con. . ."), *sunégeiren* ("juntamente con. . nos resucitó"), y *sunekáthisen* ("juntamente con. . . nos hizo sentar"). Obviamente la repetición del prefijo *sun*, que significa "juntamente con", liga efectivamente los tres aspectos de nuestra asociación con el Cristo resucitado. El ejemplo del capítulo 3 involucra el uso del mismo prefijo, pero esta vez para enfatizar la unidad o "coparticipación", de los creyentes judíos y gentiles en la iglesia. En este caso las palabras son *sunkleronóma*, *sússoma*, y *summétoka*, "coherederos", "miembros del mismo cuerpo", y "copartícipes" (v. 6).

Inverso

Esto podría considerarse bajo la categoría de equivalentes, pero lo he colocado en forma separada porque es un tipo especial. Aquí se trata de que una expresión es lo opuesto de otra. Por ejemplo, si estamos hablando en cuanto a morir y resucitar con Cristo, podemos expresar esa verdad en términos inversos, como por ejemplo: "*Morimos con Cristo*"/"*Vivimos con Cristo*".

Un ejemplo muy claro ocurre en Gálatas 6:7, 8. Después de las palabras introductorias: "todo lo que el hombre sembrare, eso también segará", Pablo escribe:

El que siembra para su carne,
de la carne segará corrupción;
El que siembra para el Espíritu,
del Espíritu segará vida eterna.

Cuando se colocan las partes de una frase en esta forma, el modelo se torna obvio. Las palabras "el que siembra", y "segará", se repiten en forma idéntica. Los inversos son "carne" versus el "Espíritu", y "corrupción" versus la "vida eterna". Hay también una estructura interna aquí, que emplea el método de equivalentes. Esto incluye la repetición de "la carne" en la primera parte, introducido primero por la expresión "para su" y luego por "de la". En la segunda parte la palabra repetida es "Espíritu". De este modo, hallamos dos modelos literarios, uno dentro del otro. Sin embargo, es el modelo más amplio, el que emplea los inversos, el que será más provechoso para el predicador. Provee de un bosquejo muy simple, pero a la vez muy poderoso

Recíprocos

En este caso, no es la sustitución de un elemento en una frase que es el inverso de otro, como en el ejemplo previo, sino más bien de dos frases que son recíprocas en naturaleza. Podemos decir, por ejemplo, que Cristo murió por todos (primera parte) y que como resultado vivimos por El (segunda parte). Hay un buen ejemplo bíblico en 1 Corintios 3:6. Allí el primer miembro es doble. Puede escribirse de la siguiente manera:

Yo	planté	la semilla,
Apolos	la regó;	
pero Dios	la hizo	crecer.

Podemos ver otro ejemplo en Santiago 4:7 y 8. "Resistid al diablo, / y huirá de vosotros." También: "Acercaos a Dios, / y él se acercará a vosotros." En realidad, hay también un modelo más amplio aquí, un modelo de composición de contraste. La primera parte trata con nuestra relación (o no relación) al diablo, y la segunda trata de nuestra relación a Dios. Aquí también tenemos excelente material estructural para un sermón.

Aliteración y otros modelos de sonidos

La aliteración es bastante conocida, y se trata de una figura retórica en la cual se emplean voces en que se repiten frecuentemente las mismas letras. El problema es que lo que vemos en el griego probablemente no tenga nada correspondiente en el texto catellano. Si tropezamos con una aliteración, aunque tal vez no podamos usarla como tal en el sermón, puede alertarnos en cuanto a algún énfasis especial que hace el autor. Debemos también estar alerta, sin embargo, a otros modelos de sonidos. Notamos antes dos palabras al principio del libro de Hebreos, que suenan en forma similar: *polumerós, polutrópos*. Originalmente las epístolas fueron oídas más bien que leídas, de modo que esto debe haber hecho un gran impacto. En el mismo libro hay un excelente ejemplo que también funciona para ver a la revelación del Antiguo Testamento en contraste con la del Nuevo Testamento. El autor describe el acercarse al monte Sinaí como al monte "que ardía en fuego, a la oscuridad, a las tinieblas y a la tempestad" (12:18). El creyente cristiano, en contraste, se acerca "al monte de Sion", donde se halla "la compañía de muchos millares de ángeles." Pero no sólo es el vocabulario el que ilustra el contraste, es el sonido de las palabras que describen la experiencia del monte Sinaí (v. 18) lo que produce parte del efecto. Esto se consigue parcialmente al hacer resonar una serie de palabras conectadas al repetir *kai* ("y"), y al incluir dos palabras de sonido ominoso y similar, como sigue: *pselafoméno [órei] kaì kekauméno purì kaí gnófo kaì zófo kao thuéle kai sálpingos éko kaì fonê jremáton*. Si yo fuera a predicar sobre este pasaje, tal vez incluso diría en voz alta las palabras *kaì gnófo kai zófo*, para dar a la congregación una idea del modelo fonético. Ciertamente podemos también tomar nota del contraste general que el autor ha hecho entre los versículos 18-21 y los versículos 22-24.

Frecuencia de palabras

Este no es un "modelo" como tal, excepto cuando las palabras se hallan repetidas con proximidad las unas de las otras. Es bueno estar alerta al uso frecuente de las palabras, aunque esto presenta también ciertos peligros. Un peligro es dar por sentado que la simple repetición de una palabra indica el "tema" del libro o de la sección. Muchos comentaristas y predicadores han dado por sentado que el tema de Filipenses es el "gozo", debido a la frecuencia de tal sustantivo y de su forma verbal, "regocijarse". Eso es ciertamente una característica de Filipenses; pero, como ya notamos anteriormente, una consideración de otros términos nos muestra que el tema del "sentir" o sea la "actitud mental" es aun más prominente. La pregunta no es sólo cuáles palabras aparecen frecuentemente, sino también en qué forma se emplean, si acaso aparecen términos relacionados, o si éstos ocurren en contextos que claramente expresan el énfasis principal del libro.

Un caso de modelo de palabras ocurre en 1 Timoteo 1:5 y 19. En el versículo 5 Pablo habla de una "buena conciencia, y de fe no fingida". En el versículo 19 invierte el orden, y escribe acerca de "la fe y buena conciencia". Este fenómeno, en sí mismo, no prueba nada, pero cuando reconocemos que la epístola se interesa en la preservación de la fe en tiempos cuando ella se ve amenazada, y también en la importancia de la moralidad cuando los cimientos de la misma son socavados, vemos que la repetición de estas palabras, a distancia relativamente corta, tiene mucho significado.

El estudio de la frecuencia de las palabras en los evangelios es especialmente productivo, porque nos ayuda a percibir el énfasis teológico particular de cada evangelio. Además de las compilaciones estadísticas de Hawkins[21] y de Morgenthaler,[22] me ha sido de mucha utilidad un trabajo reciente hecho con el auxilio de computadoras. Se trata de *Horae Synopticae Electronicae*, por L. Gaston.[23] Esta obra no sólo presenta una lista del número de veces que una palabra es usada en los evangelios, sino que también hace una división de acuerdo con el tipo de material y supuestas unidades editoriales en los evangelios. Algunos de estos datos son más útiles para quienes están involucrados en la crítica literaria de los evangelios. No obstante, es de gran utilidad también para quienes cuyo principal interés es la predicación expositiva. Una característica única de este trabajo es que el uso de las palabras es analizado estadísticamente, de una manera tal que indica cuándo las ocurrencias frecuentes son en realidad de significación.

Capítulo seis

Los datos:
Los toques finales

Modelos de color emocional

En nuestra edad electrónica nos hemos acostumbrado a oír juegos electrónicos y otros artefactos que simulan la voz humana. Escuchamos también parodias de esto en la radio y la televisión. La voz electrónica típicamente es insípida, impersonal y sin expresión. Desafortunadamente, algunas veces leemos e interpretamos las Escrituras de una manera parecida, sin vida y sin emoción. Se nos ha programado para hacer exégesis "histórico-gramatical", y al hacerlo resulta que el análisis de los "árboles" de la sintaxis no nos deja ver el "bosque" de las características literarias y del color emocional. Pero la Escritura nos vino por medio de hombres, no de ángeles, que fueron impulsados por el Espíritu Santo. Escribieron con toda la pasión que sentían en tal momento. En realidad, en algunos casos, sus sentimientos emocionales llegaron a ser parte de su obra, no por accidente, sino en forma deliberada.

Léase, por ejemplo, la epístola de Pablo a los Gálatas. Nos es familiar el hecho de que Pablo empleó un fuerte lenguaje al comienzo de la epístola. Por lo general notamos las palabras al final del versículo 8: "sea anatema". La palabra anatema (*anátema*) es en realidad una palabra muy fuerte en sí misma, pero su fuerza aumenta aún más por el contexto. Nótese también la palabra con que empieza ese párrafo, *thaumázo*, "Estoy maravillado". Pablo deja escapar su emoción, de modo que todos la vean. Luego continúa en el siguiente párrafo, empleando palabras tales como *kath huperbolén*, "sobremanera" (v. 13) y *perissotéros zelotès*, "mucho más celoso" (v. 14). El capítulo 2 indica que Pablo se opuso a Pedro; de seguro una confrontación emocional. El capítulo 3 empieza con las palabras

"¡Oh gálatas insensatos! ¿quién os fascinó. . ?" Pablo repite la palabra "insensatos" en el versículo 3. También en este párrafo (3:1-5) Pablo emplea una serie de preguntas retóricas. Esta figura retórica denota comunicación emocional tanto como comunicación lógica. En el versículo 15 usa el término "Hermanos". Esto, en sí mismo, es una apelación a la emoción. En el capítulo 4 Pablo apela a los sentimientos que anteriormente ellos abrigaban hacia él. Precisamente antes de esta sección (vv. 12-16), dice con gran emoción: "Me temo de vosotros, que haya trabajado en vano con vosotros" (v. 11). El "trabajo" a que se refiere comenzó con su visita anterior a ellos, la cual él procede ahora a describir.

Pablo comienza la sección haciendo el intento de persuadir a los gálatas a que se identifiquen con él, así como él se identifica con ellos. Refuerza su llamado con las palabras: "Os ruego, hermanos" (*adelfoí, déomai jumôn*, 4:12). Luego dice: "Ningún agravio me habéis hecho." Procede luego a hablar de su enfermedad previa (vv. 13, 14). Les dice que aun cuando su enfermedad fue una "prueba" para ellos, ellos ni lo habían despreciado ni rechazado (*ouk exouthenèsate oudè exeptúsate*). Estas también son palabras fuertes, y hasta tal vez haya un juego de palabras en el uso del prefijo, *ex*. En contraste les recuerda que ellos le habían recibido "como a un ángel de Dios, como a Cristo Jesús". El expositor no debe encontrar tropiezo en cuanto a si esto último es una exageración extrema o no. Lo que debe hacer es reconocer en la frase una tremenda apelación emocional, mediante la cual el apóstol está tratando de reavivar en los gálatas el recuerdo de cómo se sintieron en cuanto a él cuando les predicó el evangelio por primera vez. Si Pablo pudiera sólo reavivar esa emoción original, habría avanzado mucho en su esfuerzo por sacarlos de la herejía que en esos momentos los estaba perturbando. En el versículo 15 lo expresa claramente: "¿Dónde está esa satisfacción que experimentabais?" Nótese la palabra "satisfacción", tan llena de "colorido". Ahora Pablo alcanza el clímax de su argumento lleno de emoción, que, si ellos pudieran haberlo hecho, "os hubierais sacado vuestros propios ojos para dármelos". Pablo no está únicamente procurando despertar compasión, sino que está procurando lograr que ellos se identifiquen con él tan íntimamente al punto que la actitud presente de ellos se torne no sólo lógicamente inconcebible, sino también emocionalmente imposible. Por lo tanto, concluye en el versículo 16, "¿Me he hecho, pues, vuestro enemigo, por deciros la verdad?"

El siguiente párrafo (vv. 17-20) continúa este contraste, de identificación versus separación. Pablo usa tres veces la expresión tener celo (*zelóo*). Dice que los herejes quieren "apartar" (*ekkleísai*) a los gálatas de Pablo. Pablo continúa con su hermoso ruego: "Hijitos míos, por quienes vuelvo a sufrir dolores de parto, hasta que Cristo sea formado en vosotros, quisiera estar con vosotros ahora mismo y cambiar de tono, pues estoy perplejo en cuanto a vosotros." El resto de la epístola continúa arguyendo fuertemente y con toda emoción, usando frecuentemente la palabra "hermanos", como un elemento de apelación.

He entrado en detalles para mostrar cuán importante es el "color" emocional en esta epístola. El expositor de Gálatas, que da una explicación fría y lógica de la justificación por fe, ha despojado a la epístola de su impacto.

Sugerí anteriormente que tal vez nos sea necesario poner en duda la idea de que el "gozo" sea el tema de Filipenses. Sin embargo, incluso si el gozo no fuera el tema clave como tal, es un vibrante color emocional que debe ser presentado fielmente en un sermón sobre el libro. (Hay otros "colores" emocionales en Filipenses, que serán descubiertos por el lector alerta). El uso frecuente que hace Pablo de la palabra "jactarse" (*kaukáomai*), la cual incluye sentimientos positivos (Romanos 5:2, 3, 11), negativos (Romanos 2:17, 23; 3:27), y sarcásticos (2 Corintios 11:16-33; cf. 10:12-18), ejemplifica tanto el "color" literario como el emocional.

Otras ilustraciones de modelos de "color" emocional vendrán con facilidad a la mente, incluso emociones y sentimientos tales como esperanza, expectación, temor, confianza, soledad y amor, para nombrar sólo algunas. Santiago nos recuerda que Elías era un hombre "igual a nosotros" (*jomoiopatès*), que estaba "sujeto a pasiones semejantes a las nuestras". De igual manera, cuando predicamos debemos asegurar a la congregación que los autores de las Escrituras y las personas que aparecen en las páginas sagradas fueron iguales a nosotros. Tenemos la tendencia de pensar que recurrir a la emoción es un truco humano de manipulación homilética. Quisiera sugerir que más propiamente esta dimensión emocional puede y debe ser extraída de las mismas Escrituras como parte de la exposición. Esto nos ayudará a evitar que erremos en cuanto al contenido de las Escrituras, y nos ayudará a prevenir que introduzcamos en nuestro sermón aspectos emocionales que no son apropiados para el pasaje que se está exponiendo.

Mucho se podría decir en cuanto a la vida emocional de nuestro Señor Jesucristo. Es difícil que las traducciones nos presenten toda la intensidad de sus emociones. Un ejemplo de esto se halla en Juan 11:33, donde el texto español dice: "se estremeció en espíritu, y se conmovió". Es una buena traducción, pero difícilmente tan fuerte como el griego: *enebrimésato tô pneúmati kaì etáraxen jeautón*. Esto implica mucho más que el tan a menudo citado "Jesús lloró", dos versículos más adelante. Uno queda con la impresión de que Jesús quedó muy perturbado, no sólo porque su amigo había muerto, sino también debido al mal que introdujo la muerte en el mundo, debido a la incredulidad de los que lo rodeaban en aquel momento, y debido a los efectos de esta muerte sobre otras personas a quienes El amaba. Si el Señor Jesús tuvo emociones tan hondas, no debemos temer indicar algo del "color" emocional de su vida, tanto como de la de otros personajes de las Escrituras.

Cosas subyacentes que se dan por sentado

En años recientes los estudiosos de la gramática han dedicado su atención a lo que han dado en llamar "gramática transformacional", y a la "estructura profunda". Para decirlo en pocas palabras, la estructura profunda es la afirmación básica que subyace debajo de las estructuras complejas que aparecen en la superficie del texto. Dejando a un lado los tecnicismos, me gustaría mostrar cómo algunos de estos puntos de vista pueden ser útiles para el predicador. Si decimos: "El sermón que el pastor predicó fue enviado en cassettes", dos afirmaciones subyacen debajo de la superficie. Una es que el pastor predicó el sermón; la segunda es que el sermón fue distribuido en cassettes. La expresión "El auto chocado fue vendido" indica dos pasivos, que son transformación de dos afirmaciones activas. Alguien chocó el auto, y luego alguien lo vendió. La frase: "La muerte de su tío afectó profundamente al muchacho" implica en su primera parte la afirmación de que el tío murió.

Deducimos de tales ilustraciones que el lenguaje tiene una forma de acomodar varias afirmaciones en estructuras modificadas. Esto se hace a menudo para dar variedad y, algunas veces, para abreviar. El punto que se debe tener presente es que la información que *damos por sentado* puede ser *nueva para el oyente*. Si digo: "La muerte de su tío. . .", estoy hablando como si la muerte del tío fuera dada por sentado. Pero (hablando teóricamente) puede haber alguien que está escuchándome, y que conoció al tío del muchacho, y para quien será un golpe enterarse de que ha muerto. Para presentar un ejemplo más complejo, una cláusula relativa completa puede expresar algo que el escritor u orador dan por sentado, y que tal vez sea conocido por la mayoría de su público, pero que bien puede ser totalmente desconocido por alguna persona en el auditorio. Imagínese a alguna persona que se ha quedado aislada en una isla desierta por muchos años y quien, al retornar a la civilización, lee un encabezamiento: "Astronautas que aterrizaron en Marte regresan a salvo." Si el náufrago no sabía que había astronautas planeando ir a Marte, las "noticias" para él no serán que los astronautas *han regresado* a salvo, sino que esos astronautas *han ido a Marte*. La cláusula relativa, "que aterrizaron en Marte", por tanto, es una forma de dar algo por sentado, pero que bien puede ser información nueva para algún lector.

Ahora apliquemos esto a una importante frase bíblica: "por la muerte de su Hijo" (Romanos 5:10). La muerte del Hijo de Dios es básica para la teología cristiana. Los lectores cristianos que leen Romanos 5 ya tienen conocimiento de esto. Sin embargo, un misionero que trata de llevar el evangelio a otra cultura tal vez necesitará explicar la frase con mucho cuidado. La estructura profunda sería algo así como lo que sigue: "Dios tuvo un Hijo"; "El Hijo murió"; "Este acto fue instrumental por naturaleza" (implicado en la preposición "por"). Mi sugerencia es que, al preparar un texto para predicarlo, debemos preguntarnos a nosotros mismos cuáles afirmaciones yacen por debajo de la estructura que se ve en la superficie, que tal vez sea "noticia" para alguien en la congregación. No necesitamos realizar todo el ejercicio gramatical de descomponer la oración gramatical en pequeñas partículas. Lo que necesitamos es asegurarnos de que probamos la profundidad de cada cláusula, teniendo en mente el probable nivel de conocimiento de nuestra congregación.

Incluso aparte de la estructura gramatical hay evidencias de cosas subyacentes que se dan por sentado. Algunas veces debemos preguntarnos qué doctrinas y otros hechos son entendidos por los que hablan o los que oyen un relato, o por el autor o lector de una epístola. El ejemplo más obvio de esto se halla en 2 Corintios y 2 Tesalonicenses, donde las visitas y correspondencia previas fueron ocasiones para compartir ciertas verdades que luego se dan por sentado en la correspondencia subsecuente. Pero incluso donde tenemos apenas una conversación o carta, debemos estar alerta en cuanto a cosas que comúnmente se dan por sentado. ¿Hay algo que el pasaje da por sentado y que yo deba explicar a mi congregación para ayudarle a entenderlo? Esto es especialmente importante en los mensajes de evangelización.

Nuestra tarea en la exposición va mucho más allá que simplemente encontrar divisiones para el bosquejo de un sermón. Consiste, como vimos desde el comienzo, en *explicar* un pasaje y aplicarlo apropiadamente. Esta explicación y aplicación tal vez requiera tiempo y esfuerzo extra en una frase o incluso en alguna palabra que resulta ser la clave para entender las oraciones gramaticales principales.

Esta sección ha sido relativamente corta, pero sus beneficios pueden fácilmente ser mucho más grandes que su extensión, si ayuda a que nuestra exposición sea más rica y más fiel al texto.

Enfasis principal del pasaje

Esto puede parecer como que contradice todo lo que se ha dicho hasta aquí en cuanto a investigar en detalle la profundidad de un pasaje, pero lo que sugiero ahora es que nuestro próximo paso debe ser determinar el énfasis y enseñanza básica de este pasaje, y expresarlo en *una sola oración*. Sin embargo, la necesidad para una afirmación en resumen es aparente en este punto. El hecho de que la exégesis nos involucra en una búsqueda del significado, incluso en los más pequeños elementos de una frase, significa que nuestra preparación de un sermón, hasta este punto, tiende a ser atomizadora. Lo que necesitamos ahora es cohesión y dirección. Puede exigir bastante tiempo lograr reducir a una sola oración gramatical clara y diáfana todo lo que hemos aprendido de un pasaje, pero bien vale la pena. Por lo general, las personas no salen del templo después de un culto meditando en la cantidad de información que han aprendido en el sermón. Es mucho más probable que si el sermón tuvo su enfoque en algo en particular, llevarán consigo *una sola impresión básica* y sabrán qué es lo que Dios espera que hagan en respuesta al mensaje. Si el sermón no tiene enfoque alguno, tal vez la congregación tenga algunas impresiones generales, pero éstas no estarán claramente definidas ni serán fuente de motivación en su vida. Es posible que las personas que, después del mensaje, le dicen al pastor que "disfrutaron" del mensaje porque aprendieron mucho precisamente sean las que no necesitan más información, sino una gran dosis de aplicación. Intensa como es el hambre por la Palabra de Dios en nuestra tierra, la solución no es dar un embutido de información bíblica sino una dieta balanceada que corresponda a necesidades nutricionales.

Es cierto que el Espíritu Santo puede tomar cualquier surtido de verdades extraídas de un pasaje, y aplicarlo según la necesidad de cada corazón. Es preciso que seamos humildes delante de Dios dándonos cuenta de que sólo el Espíritu sabe cuáles son esas necesidades. Nunca olvidaré la vez en que un alcohólico encontró precisamente el mensaje bíblico que necesitaba en un versículo que mencioné, casi de pasada, del libro de Habacuc. No obstante, si un pasaje tiene un énfasis principal en su enseñanza y en su aplicación, yo soy responsable delante de Dios por presentarlo con equilibrio y claridad. Si lo hago así, es seguro que las partes que componen el pasaje podrán ser vistas en su lugar apropiado y con la perspectiva apropiada. Por lo tanto, exhorto fervientemente a seguir la disciplina de reducir tal enseñanza a una sola oración gramatical, que resuma toda la enseñanza del pasaje. Si el pasaje contiene una narración, resumiré el suceso y su significado. Por ejemplo, mi resumen de

Hechos 11:1-18 pudiera ser: "Pedro relató a los creyentes judíos en Jerusalén la conversión de Cornelio, explicándoles cómo Dios lo preparó mediante una visión para que aceptara a un gentil, cómo Dios le llevó a donde estaba Cornelio, y cómo el Espíritu Santo vino sobre Cornelio; de modo que los cristianos judíos pudieran darse cuenta de que Dios estaba atrayendo a sí a los gentiles." Admito que ésta es una oración larga. No la usaría en un mensaje. Sin embargo, al expresar todo eso en una sola oración, me he obligado a mí mismo a relacionar las diferentes partes dentro de la sintaxis. Eso significa que no puedo simplemente colocar varias afirmaciones en frases individuales unas junto a otras sin mostrar sus conexiones internas. Una oración significa una línea continua de pensamiento. Esto me disciplina a ver el pasaje como un todo.

Tercera Parte

LA APLICACIÓN
DEL TEXTO

Capítulo siete

Determinación de la aplicación: La "función"

Hay dos maneras de determinar la función de un sermón. Podríamos llamar estas maneras (1) de "Arriba", y (2) de "Abajo"; esto es: (1) a partir del texto divinamente dado, y (2) a partir de las necesidades de la congregación. Por supuesto, exagero un poco y hago que cada una de estas maneras parezca excluir a la otra. Pero el hecho es que algunos mensajes expositivos parecen mostrar muy poca sensibilidad ante las verdaderas necesidades de la congregación. En el otro extremo están los sermones que desarrollan su aplicación a partir de las necesidades de la congregación, con muy poca relación a la función original del pasaje. El primer método conduce a la irrelevancia; el último, a la distorsión.

En realidad, puede plantearse que si predico atendiendo apasionadamente a las necesidades de una congregación, Dios usará su Palabra en mi sermón, aun cuando sea pobremente expuesta. También pudiera argüirse que si enseño la Palabra de Dios con claridad y en oración, Dios hablará mediante su Palabra y satisfará las necesidades, aun cuando yo tropiece al hacer la aplicación. Pero, ¿por qué no puedo determinar la aplicación del pasaje, *tanto* de la esfera de la vida del texto, *como también* de las necesidades presentes de la congregación? Es este doble enfoque de la aplicación lo que quiero tratar con más detalle en este capítulo.

Revise el ambiente de la vida en el pasaje

Así como este es uno de los primeros pasos en la exégesis de un pasaje, también debe ser uno de los primeros pasos en la aplicación de ese pasaje. Cuando buscamos un principio, o, como se le llama a veces, una verdad eterna,[24] debemos recordar que el significado completo de esta verdad debe derivarse de, y ser claramente vista en, el contexto del pasaje bíblico. Esa verdad puede ser una afirmación teológica (una verdad eterna acerca de Dios, sus caminos, y su obra), o puede expresar una verdad acerca de los ideales que Dios busca en nuestra vida y la respuesta que Dios espera de nosotros. Debo ser capaz de expresar esta verdad en una afirmación tal que, en razón de no estar limitada en su aplicación, no contiene ningún nombre propio excepto el de Dios mismo. Es importante darse cuenta de que para que un principio así o afirmación tal haga un puente entre el pasaje bíblico y las circunstancias presentes, debe estar firmemente enraizado en las circunstancias reales del contexto del pasaje.

Un ejemplo de lo antedicho que todos reconoceremos es la verdad: "Dios proveerá abundantemente para todas nuestras necesidades." Esta verdad encuentra expresión en dos pasajes: 2 Corintios 9:8 y Filipenses 4:19. Cuando estudiamos la esfera de vida de cada pasaje, sin embargo, vemos que quienes recibieron cada carta habían dado generosamente para suplir las necesidades de otros. La "verdad eterna", por lo tanto, tiene que estar enraizada en el "tiempo", es decir, en la situación en la cual fue expresada. Nuestra aplicación debe ser rigurosamente hecha a una situación de vida similar, en la cual el pueblo de Dios da abnegadamente para ayudar a otros en necesidad. Las siguientes preguntas son útiles:

¿Qué circunstancias o necesidades se atendieron?

Mientras escribo estas líneas no puedo dejar de pensar en cierta misionera cuya carta leí esta mañana. La carta reseña la búsqueda de esa misionera por la dirección del Señor en cuanto a una posibilidad de mudarse de sitio de trabajo. Ella menciona varios versículos de diversas partes de las Escrituras, y expresa su perplejidad en cuanto a cómo estos versículos podrían alcanzar cumplimiento en su vida. Algunos de estos versículos se relacionan específicamente con circunstancias históricas del Antiguo Testamento, y no tienen absolutamente nada que ver con la situación particular de aquella misionera. En ningún caso hace ella referencia al contexto, ni bíblica ni históricamente; por tanto, no es de sorprenderse que ella tenga serios problemas para hacer la aplicación apropiada. Desafortunadamente, este uso de la Biblia es demasiado común. ¡Podemos estar agradecidos que Dios algunas veces nos habla a pesar de nuestra calamitosa hermenéutica! Eso, sin embargo, no es excusa para que el predicador haga mal uso de la Palabra de Dios y siente así un mal ejemplo.

Lo que debemos hacer es penetrar en la vida de la gente involucrada en la narración bíblica, o de aquellos a quienes se dirigía una epístola bíblica, y empaparnos completamente con las circunstancias que los rodeaban. Cuando comienzo a preguntarme cómo se sentía la gente, cuáles eran sus necesidades, por qué necesitaban una palabra de Dios o el ministerio particular que les fue dado, y si acaso hay algo que corresponda a nuestra situación contemporánea, estoy empezando a cruzar la abismal brecha de los siglos.

¿A qué propósito sirvió el pasaje?

Aquí pregunto no sólo que ocurrió y por qué Dios actuó de la manera que lo hizo (dando por sentado que estoy tratando con una narración), sino también el por qué el suceso fue registrado en las Escrituras. En el caso de una epístola, podemos simplemente preguntar por qué tal párrafo está incluido en esa carta. En otras palabras, reverentemente le preguntamos a Dios: "¿Por qué pusiste esto aquí?" No estoy preguntando sólo *cuál es* la enseñanza, sino también por *qué* está allí. A veces, la respuesta surgirá claramente del contexto que le precede o que le sigue. Algunas veces el pasaje mismo hablará tan fuertemente que no habrá nada de ambigüedad. Hay otras ocasiones, sin embargo, cuando debo ejercer cuidadoso juicio basado en lo que sé de la dirección general del libro, y del propósito para el cual Dios inspiró las Escrituras como un todo. Aquí encuentro 2 Timoteo 3:16, 17 de mucho provecho: "Toda la Escritura es inspirada por Dios, y útil para enseñar, para redargüir, para corregir, para instruir en justicia, a fin de que el hombre de Dios sea perfecto, enteramente preparado para toda buena obra." Pablo probablemente no intentaba agotar todas las funciones de las Escrituras en un solo versículo, pero ciertamente hace un buen sumario de los varios propósitos para los cuales Dios inspiró su Palabra. Personalmente me gusta aplicar este pasaje a cualquier texto bíblico que estoy estudiando, y permitirle que me guíe para comprender el propósito y función de ese texto. Sé que el pasaje de 2 Timoteo es de mucha ayuda para comprender la aplicación *presente* de la Escritura, pero no por eso será menos relevante para la comprensión del propósito para el cual un texto bíblico fue escrito *originalmente*. ¿Por qué incluyó Marcos este incidente en particular? ¿Por qué anotó Lucas esta fase particular del viaje misionero de Pablo? ¿Por qué el libro de Apocalipsis narra estos sucesos aterradores? ¿Con qué propósito incluyó Santiago esos versículos tan difíciles? Estas son la clase de preguntas que debo hacerme en este punto.

¿Qué resultados inmediatos procuraba conseguir el autor?

Esta pregunta puede sonar muy parecida a la precedente, pero en realidad lleva el asunto un paso más adelante. Ahora estamos pensando en el resultado que se intentaba conseguir. Podemos usar la parábola del sembrador (Mateo 13; Marcos 4; Lucas 8) como una ilustración. Las *circunstancias* deben ser encontradas en el ministerio de Jesucristo, y en las diversas respuestas que El estaba recibiendo. Estas incluyen la hostilidad descrita en Mateo 12 y Marcos 3, que resultaron en lo que Jesús dijo acerca del pecado imperdonable. En cuanto al propósito, Jesús al parecer dijo la parábola, incluyendo su interpretación, para explicar por qué las respuestas a su ministerio eran tan variadas, y también para estimular a los discípulos. El *resultado* que procuraba conseguir parece haber sido el examen propio y la fe de parte de las multitudes que lo escuchaban, y un optimismo realista y perseverancia de parte de los discípulos. Si queremos un ejemplo extraído de las epístolas, podemos ir a 1 Timoteo 3:16, aquel magnífico pasaje sobre el "misterio de la piedad". Las circunstancias fueron que Timoteo necesitaba no sólo instrucción sino también estímulo de parte de Pablo. Como habíamos observado anteriormente, Pablo está enfatizando "una buena conciencia, y una buena fe" (1:5, 19). Timoteo debía enseñar la verdad y ser un buen ejemplo (4:12, 15, 16). La inclusión de la gran declaración doctrinal de 3:16, con su énfasis en la vindicación en los cielos y en la tierra del Cristo resucitado, tiene al parecer el propósito de animar a Timoteo a ser fiel a la verdad del Señor Jesucristo. El resultado que Pablo quería conseguir era evidentemente la liberación del temor, junto con una gran libertad y poder en el ministerio de Timoteo. Primera a Timoteo 3:16, por consiguiente, no debe ser enseñado simplemente como una declaración doctrinal aislada. Pablo esperaba que ella *hiciera efecto* sobre el ministerio de Timoteo.

Algunas veces las circunstancias, el propósito y efecto deseado de un pasaje determinado de la Escritura son tan claros que son inconfundibles. Segunda de Pedro 3 viene a la mente: Los burladores dirán: "¿Dónde está esta 'venida' que El ha prometido?" Aquí las circunstancias son claras, tanto como el propósito y el efecto que se esperaba lograr: "Puesto que todas estas cosas han de ser deshechas, ¡cómo no debéis vosotros andar en santa y piadosa manera de vivir, esperando y apresurándoos para la venida del día de Dios!" Otros pasajes, que no son tan claros, requerirán más estudio; pero, ¿no es eso el gran deleite del pastor?

Describa con una sola palabra o frase la función del texto original

Habiendo determinado las circunstancias, propósito y efecto deseado de un pasaje, es tiempo de que nos alejemos de las circunstancias originales y determinemos cómo el pasaje puede compaginarse con nuestras circunstancias contemporáneas, las cuales rara vez tienen muchos detalles en común con la historia bíblica. Es en este punto que corremos el peligro de la abstracción. Creo que cuanto más vívida y concreta podamos hacer que aparezca ante la congregación la función de un pasaje en su ambiente original, tanto más eficaz será la aplicación de ese texto bíblico. Cuando Jesús quería que la gente "orara siempre sin desmayar", no pronunció simplemente una declaración de un principio abstracto. Les contó una parábola.

Sin embargo, hay ciertas categorías de función, maneras en que la Escritura sirve a su propósito, que encajan tanto a unos cuantos pasajes bíblicos como también a las circunstancias típicas de la vida de hoy. Supóngase que tomamos un pasaje de los mencionados, 2 Pedro 3. La enseñanza de Pedro acerca de la destrucción de los elementos y la certeza del juicio, junto con sus palabras en cuanto a la santa manera de vivir, podría ser descrita como "motivadora", "exhortatoria" o "de advertencia". De la misma manera, las palabras de Jesús en cuanto a orar sin desmayar pudieran ser descritas como "motivadoras", "exhortatorias", o "estimuladoras". Estas categorías a menudo se superponen.

Voy a dar una lista de estas categorías posibles. No proveeré de ejemplos en cada categoría, porque se explican por sí mismas, e indudablemente varios pasajes vendrán fácilmente a la mente. Uno de ellos, no obstante, tal vez no sea muy claro: "Mostrar relaciones de causa y efecto." Tengo en mente, aquí la clase de serie que se halla en Romanos 1, donde Pablo dice que está pronto a predicar el evangelio *porque* tiene un sentido de obligación (vv. 14, 15), que no se avergüenza del evangelio *porque* es poder de Dios para salvación (v. 16), el evangelio resulta en salvación *porque* la justicia de Dios se revela en él (v. 17), la ira de Dios se revela contra toda impiedad *porque* la gente tenía la evidencia de Dios, y no tienen excusa por haberla rechazado (vv. 18-20), Dios entregó a la gente a sus pasiones e impurezas *por* sus actitudes y acciones (vv. 31, 32), y así por el estilo.

A continuación doy una lista de las funciones, que se superponen ocasionalmente, y, sin duda, de ninguna manera exhaustiva:

Motivar
Tal vez el mejor ejemplo de esto es 2 Corintios 5:9-11 y 14, 15, donde Pablo dice que él mismo fue motivado por el temor (relacionado al tribunal de juicio de Cristo) y por amor (el amor de Cristo al morir por él). Otro ejemplo sería el de las recompensas y castigos que se mencionan en las bienaventuranzas y ayes de Mateo 5 y Lucas 6. En Efesios 5:5 Pablo advierte que la gente inmoral será excluida del reino, y en el versículo 6 da una advertencia todavía más fuerte, que los tales caerán bajo la ira de Dios. Segunda de Pedro 3:11 dice

que la expectación de la destrucción que vendrá sobre los cielos y los elementos debería motivarnos a vivir vidas santas.

Convencer o producir convicción

Al pensar en pasajes que producen convicción, uno piensa naturalmente en los primeros capítulos de Romanos. También podemos ir a los evangelios, donde hallamos palabras muy fuertes dichas por el mismo Señor Jesús, en pasajes tales como Mateo 5:13, 19, 22 y 32, para mencionar algunos. Hay también pasajes destinados a producir convicción dentro de las narraciones, tales como Lucas 10:41, 42 y también en los refranes o proverbios que son dichos en el contexto de las parábolas, tales como Lucas 16:13.

Consolar, estimular

De nuevo pensamos en las bienaventuranzas. Segunda a los Corintios 1:3-7 pertenece también a esta categoría. Esos versículos no son solamente una expresión de los propios sentimientos de Pablo, sino también una declaración destinada a animar a sus lectores. Hebreos 10:19-25 usa la verdad del sumo sacerdocio del Señor Jesucristo como un medio de estimular y exhortar a los lectores a que se estimulen unos a otros. También podemos pensar en libros enteros, tales como 1 Pedro y Apocalipsis, que fueron escritos, en parte al menos, para animar a la gente que padecía persecución.

Proclamar el evangelio

Aquí estoy pensando en pasajes cuya función en el contexto es proclamar el evangelio, no simplemente en pasajes que pueden ser reconformados y convertidos en ilustraciones del evangelio. Desafortunadamente muchos cristianos tienen la tendencia de memorizar y citar Romanos 3:23: "por cuanto todos pecaron. . .", aislándolo del resto del pasaje, y recurriendo a otros pasajes para los aspectos ulteriores del mensaje del evangelio. ¡Sin embargo, el evangelio está completamente expresado en este mismo párrafo!

En el libro de Hechos hay varios discursos que presentan el evangelio clara y directamente. Esta fue su función cuando fueron predicados originalmente. Desempeñaron esa función en Hechos también, porque Lucas probablemente escribió Hechos (y el evangelio que lleva su nombre) para una combinación de propósitos, uno de los cuales era presentar y defender el mensaje del evangelio. Un lector helenista no cristiano leyendo Hechos hubiera quedado encantado por las historias que se hallan allí porque, en su forma literaria, le harían recordar de algunas de las novelas que estaba acostumbrado a leer. Pero este era un libro que relataba una historia verídica. Al avanzar por él, con todas sus emocionantes historias de viajes, y hasta naufragios, el lector se cruzaría con discursos que traerían el evangelio a su corazón. Unos de tales discursos se halla en Hechos 13, con las declaraciones: "os anunciamos el evangelio" (v. 32) y "Sabed, pues, esto. . . que por medio de él se os anuncia perdón de pecados" (v. 38). Otro ejemplo es el bien conocido discurso en el Areópago, que se encuentra en el capítulo 17, y en el cual Pablo presenta maravillosamente (en un discurso que ni siquiera fue parte de una misión evangelizadora), la verdad de Dios como Creador, como Señor de la historia y como Juez. Habla de la resurrección de Jesucristo (la cual implica de seguro que había hablado de su muerte expiatoria), y del día venidero de retribución. ¿Cuántos mensajes evangelísticos hoy día contienen tanta base doctrinal sólida para el evangelio?

Conducir a la adoración

Probablemente el primer pasaje que viene a la mente es Apocalipsis 4:1 — 5:14. Aquí tenemos una serie de expresiones de alabanza a Dios por su naturaleza y atributos (4:8), y por sus obras creadoras (4:11), y luego la adoración del Señor Jesucristo, el Cordero inmolado (5:9-14). De seguro que la intención de Juan era que sus lectores se unieran en ese coro de alabanza. Lo mismo puede decirse de otras doxologías en Apocalipsis, tales como 7:12 y 11:17, 18. Hay pasajes en las epístolas que también conducen a la adoración, siendo el más conocido tal vez Romanos 11:33-36. En los evangelios y en el libro de Hechos hay también declaraciones acerca de la obra de Cristo y del Espíritu Santo que resultan en doxología. La curación del paralítico en Lucas 5:17-26 tiene su clímax en alabanza. Véase también la curación en Hechos 3:1-10. Lucas parece estar profundamente preocupado por guiar a sus lectores a la adoración; sus narraciones tienen este elemento en forma más prominente que las de Marcos o Mateo.

Fijar normas

El pastor que se ocupa de su ministerio desea señalar normas claras de vida santa, y sin embargo a menudo vacila para predicar una lista de lo que se puede o no se puede hacer. Es bueno dejar que la Escritura haga su obra. El sermón del monte es una fuente obvia de normas morales porque esa es la función primordial del sermón del monte. Efesios 4 — 5 también proporciona normas, y lo hace al contrastar la manera antigua de vivir caracterizada por el desenfreno pagano. Otros pasajes de la misma epístola vendrán fácilmente a la mente.

Establecer metas

Un ejemplo sobresaliente de esto es Efesios 1. Ya me referí a la lista de expresiones de propósito que caracterizan los párrafos de apertura de Efesios. Otros pasajes que pueden ser incluidos serán, sin duda, Mateo 6:24 (en cuanto a escoger entre Dios y el dinero), y 6:33 (en cuanto a buscar primeramente el reino de Dios y su justicia). También el resumen que Jesús hace de la ley en Marcos 12:31-34 y los pasajes paralelos sirve apropiadamente como una guía a metas que agradarán a Dios (Romanos 13:6-10). Pasajes tales como 1 Corintios 10:31 ("Si, pues, coméis o bebéis... hacedlo todo para la gloria de Dios"), Romanos 14:19 ("Sigamos lo que contribuye a la paz y a la mutua edificación") tienen la intención de establecer metas para la conducta cristiana.

Tratar de asuntos doctrinales

Sólo necesita decirse que si predicamos sobre una doctrina específica, haremos mejor si seleccionamos un pasaje en el cual esa doctrina es un tema principal. No es siempre necesario ir al pasaje principal sobre cierta doctrina (tal vez ya fue usado en algún sermón reciente), pero por lo menos debe buscarse un pasaje que enseñe claramente esa doctrina, en lugar de que haga alusión a ella únicamente en forma indirecta.

Tratar con problemas

Este es un aspecto muy delicado, y es obvio que nuestra palabra desde el púlpito será generalmente más aceptable si la Escritura es apropiada y habla por sí misma. Probablemente será bueno tomar un pasaje que no sólo trata el problema sino que también muestra cómo el problema ha sido y puede ser resuelto. Un pasaje típico en este respecto sería Hechos 6:1-7, que muestra cómo la iglesia primitiva trató con un problema de división y suspicacia.

Mostrar la relación de causa y efecto

Hay pasajes que proporcionan una explicación para una situación o condición. Nos ayudan a entender por qué las cosas son como son. Romanos 1 es un ejemplo excelente. La situación o condición degenerada de la raza humana existe debido a que su rechazo de Dios y su verdad ha dado como resultado que Dios entregue a la gente a varias expresiones de inmoralidad. El primer capítulo de Romanos, es por entero un estudio de relaciones de causa y efecto.

Colocar una base para la fe y la acción

A menudo exhortamos a los demás a que tomen ciertos pasos, pero si no les damos sólidas razones y seguridad podemos dejarlos paralizados y sintiéndose culpables por su inactividad. Un bien conocido ejemplo es Romanos 1:16: "Porque no me avergüenzo del evangelio, porque es poder de Dios. . ." El "porque" no solamente expresa causalidad, sino que también es la base en la cual Pablo apoya su confianza. Lo mismo ocurre en Colosenses 2:9, donde Pablo les dice a los colosenses que no busquen en otros lugares la verdad espiritual: "Porque en él habita corporalmente toda la plenitud de la Deidad." Además, el énfasis no está en la causalidad, sino en la razón para la acción, un hecho básico fundamental sobre el cual uno puede basar la decisión y la acción.

Dar perspectiva a la vida

Una buena parte de la Escritura provee de nuevos enfoques, no sólo con respecto a Dios mismo, sino también en cuanto a nosotros mismos y a nuestro mundo. Estos nos dan una perspectiva de nuestra vida mientras la vivimos en el devenir de la historia. Efesios, por ejemplo, muestra los propósitos de Dios en la Iglesia, y abre nuestra mente para que nos demos cuenta de que la intención de Dios es: "que la multiforme sabiduría de Dios sea ahora dada a conocer por medio de la iglesia a los principados y potestades en los lugares celestiales" (Efesios 3:10). Esto no sólo expresa el propósito divino sino que también abre nuevas perspectivas del papel de la Iglesia en la edad presente. La revelación, paso a paso, del "misterio" de Dios, sus intenciones en la historia, también nos provee de una perspectiva y nos damos cuenta de que hay un lado derecho y un revés del gran tapete de la vida, y que, al mirar el último nos parece todo enmarañado. La profecía tiene esto como una de sus funciones a través de toda la Escritura.

Enseñar ética

Por mucho tiempo los evangélicos han enseñado la Escritura pero han descuidado la ética, mientras que muchos otros han enseñado ética pero no una base bíblica. El ideal es, por supuesto, enseñar ética a partir de las Escrituras. Algunos pasajes lo hacen así por precepto, otros por ejemplo personal, y otros mediante parábolas. La parábola del mayordomo deshonesto, por ejemplo, toma una situación "terrenal" y por medio de ella muestra cómo el cristiano puede ser fiel en la mayordomía sin caer en la trampa de la codicia (Lucas 16:1-13). El sermón del monte está lleno de mandamientos éticos. También el hecho de que Jesús colocara la necesidad humana por sobre las obligaciones ceremoniales nos proveen de un buen modelo. Es importante prestar atención a la *función* del pasaje en su contexto, no sea que saquemos el texto fuera de su contexto, y apliquemos mal versículos que pensamos que enseñan opiniones éticas cuando, a fin de cuentas, esas opiniones sólo son producto de nuestra propia cosecha. La historia de Lucas 5:27-32 que relata el banquete de Leví, por ejemplo, con la crítica de que Jesús comía y bebía con los pecadores, no tiene como su función enseñar que los cristianos de hoy deben o no deben tomar bebidas alcohólicas con los no cristianos, sino mostrar la asociación de Jesucristo, en su gracia, con los pecadores para la salvación de ellos.

Otras categorías pudieran sugerirse, que son comunes y evidentes por sí mismas. Hay pasajes que tienen como su función corregir, despertar interés (social o misionero) por otros, dar dirección y advertencias. Los ejemplos brotan por sí mismos rápidamente. El punto importante es darse cuenta de que esta no es simplemente una lista de *temas*, sino una lista de *funciones*. Esto quiere decir que no estamos sencillamente buscando versículos que toquen éste o aquel tema sino pasajes que tengan un cierto propósito o función como la razón misma de su inclusión en el canon. La disciplina de determinar la función contextual de un pasaje no puede ser tenida en poco, porque es *el eslabón primario entre la exposición y la aplicación.*

Esta lista puede ahora convertirse no sólo en un medio de establecer un puente entre el ambiente de la vida bíblica y la nuestra propia, sino también en un medio de ayudar al predicador a lograr una variedad en sus sermones. Me temo que si se nos pidiera a algunos de nosotros que clasificáramos de acuerdo con esta lista los sermones que hemos predicado en los años recientes, encontraríamos que nuestros sermones tienden a caer en unas pocas de estas categorías, y que algunas se quedarían sin ninguno. Observar esta lista también puede ayudar al pastor a evaluar su ministerio como un todo. Indudablemente hay una fuerte correlación entre el estilo de ministerio pastoral y el tipo de sermón. Sea en el púlpito, en la reunión de comité, o en la conversación privada, algunos tienden a animar y otros a exhortar. El ministerio de algunos pastores es probablemente muy centrado en problemas, otros, conscientemente procuran ayudar a los cristianos a madurar. Algunos rara vez piensan en ayudar a las congregaciones, a los comités o a los individuos a establecer o fijar metas, sino que hablan mucho en cuanto a normas y doctrinas. Si un pastor "da perspectiva a la vida" hallará que sus exhortaciones son más rápidamente entendidas y, en consecuencia, aceptadas.

Por supuesto, no podemos encajar cada pasaje bíblico en alguna de estas categorías. Algunos pasajes tienen más de una función. Algunos no tienen ninguna función obvia en sí mismos, sino que contribuyen al propósito del libro como un todo. Otros proporcionarán material de respaldo o auxiliar para temas que son tratados en forma más central en otras porciones. El punto de esta lista es ayudarnos a darnos cuenta, en una forma más consciente, de lo que es y de lo que no es apropiado en nuestro intento de aplicar las Escrituras a las necesidades actuales y presentes.

Considere las necesidades de la congregación

Las siguientes son apenas algunas de las situaciones y necesidades que hay en cualquier congregación:

- Necesidades personales (ansiedad, soledad, dolor, sufrimiento, desgano espiritual, necesidad de orientación).
- Situaciones corporativas (preocupaciones económicas, desaliento, conflicto, falta de entusiasmo en la iglesia, reacción de sorpresa por una muerte reciente en la congregación, preocupación por el programa de construcción del edificio).
- Situaciones éticas y sociales actuales (entre creyentes o en la comunidad).
- Crisis públicas (elecciones, intentos de asesinatos, problemas internacionales, accidentes en la comunidad).
- Sucesos espirituales de especial significación en la vida de la iglesia.
- Condición espiritual de grupos especiales (nuevos creyentes, ancianos, jóvenes, solteros, casados, divorciados).
- Necesidades permanentes de edificación e instrucción.

El lector que es pastor rápidamente se identificará con las preocupaciones señaladas en la lista anterior. El estudiante de seminario, por otro lado, tendrá que crecer y desarrollar su sensibilidad para tales necesidades. Es en este sentido que un sermón procede "de abajo", como ya fue mencionado anteriormente. Algunos seleccionan el texto de la Escritura para un sermón de acuerdo con la necesidad de la hora. El expositor que ha estado predicando a través de un libro o una serie de libros debe tener presente la lista previa de funciones, y asegurarse de que está alerta al potencial de cada pasaje para satisfacer las necesidades de la congregación. El estudiante de seminario que llega al púlpito todavía emocionado por las clases de historia de la Iglesia, estudios bíblicos y teología tiene que acostumbrarse al hecho (aun cuando tal vez ya esté bien informado al respecto) de que no todos los adoradores vienen al culto con su mente puesta en las cosas celestiales. Cuanto más consciente esté de las necesidades de la congregación, tanto más pronto responderá ella a la enseñanza de las Escrituras.

Esto origina una pregunta que no puede ser contestada con suficiente amplitud, pero que exige por lo menos algunos comentarios. ¿Cómo puede el predicador estar consciente de las necesidades de su gente? El predicador concienzudo siente la necesidad de pasar muchas horas en la preparación. Redacción y compilación de informes, comités, tareas en la comunidad y muchas otras necesidades consumen su tiempo. La visitación habitual a las familias de la iglesia ha sido abandonada ya por muchos pastores debido a que se hallan sumamente ocupados. ¿Cómo puede, entonces, saber cuáles son las necesidades de la gente? En mi opinión el llamado a la predicación expositiva es también un llamado al ministerio pastoral. Por lo tanto, el predicador *debe* hallar maneras de estar cerca de la gente. Incluso aun cuando otros ministros de la iglesia — si los hubiera — y otros de la congregación desarrollen la mayor parte de la visitación, el predicador necesita tratar de estar en el mayor contacto con la gente como le sea posible. También puede enterarse por medio de sus oyentes (por ejemplo, en las reuniones semanales del personal) de las necesidades, preocupaciones, y problemas que pudieran haber entre su congregación. Hacer las preguntas adecuadas, y *escuchar* es imperativo. Si el predicador no está personalmente consciente de las necesidades de su propia congregación, sus sermones tendrán muy poca relevancia personal para ella.

Aplique el pasaje a las necesidades

El procedimiento es ahora obvio: (1) Considere cuáles de las *necesidades* de las que estamos conscientes verdaderamente corresponden al *propósito original* y *función* del pasaje seleccionado. Si todavía no se ha seleccionado un pasaje, podemos partir de la necesidad y buscar un pasaje apropiado. (2) Determine en oración qué *mensaje* desea Dios dar por medio de su ministerio en esta ocasión. (3) En fe, decida cuáles *objetivos* puede usted confiar que Dios va a cumplir mediante este pasaje. (4) Construya su mensaje a partir del pasaje, asegurándose de que la *intención* original y *equilibrio* original del pasaje no es distorsionado de ninguna manera por la aplicación que usted hace de él.

Este procedimiento debe ayudar al pastor en lo que parece ser la parte más difícil de su preparación del sermón: seleccionar su tema. Cuando estamos abrumados por una gran cantidad de necesidades a las cuales nos vemos compelidos a atender, es difícil saber cuál seleccionar para enfatizar. Incluso cuando hemos determinado cierto orden de prioridad, de acuerdo con cuáles de esas necesidades pudieran tomarse en consideración, todavía tenemos que seleccionar los temas y los textos que nos permitirán tratar acerca de ellas. Pero, cuando predicamos expositivamente, tenemos buena ayuda en esta difícil decisión. Si vamos a predicar a través de un libro, podemos hacer que cada capítulo o sección atienda cualquier necesidad o necesidades que notamos ser apremiantes y a las cuales el mismo pasaje atiende y enfoca. En el curso de varias semanas una variedad de temas brotarán por sí mismos naturalmente de pasajes sucesivos.

Revisemos los cuatro pasos mencionados en el párrafo precedente. El primero fue compaginar la *función* de un pasaje con las *necesidades* de una congregación. Sea que el pasaje es determinado por anticipado como parte de una serie, o que es seleccionado para satisfacer una necesidad, debo asegurarme de que no estoy forzando el pasaje para que llene un propósito o ejecute una función para la cual no es apropiado. Una vez más, a riesgo de repetición, el contexto es tan importante para determinar el propósito y función de un pasaje como lo es para determinar su interpretación.

El segundo paso es determinar en oración qué *mensaje* quiere Dios dar mediante la predicación de este pasaje. El mensaje es la Palabra viviente de Dios hoy día. Requiere un predicador santo, sensible y obediente, que permite al texto informarle y dominarle, y que será un instrumento mediante el cual el texto hablará a otros. El mensaje es más importante que el texto, tanto como más importante que el tema. Es la voz de Dios para nosotros.

El tercer paso es que debemos ejercer fe para decidir cuáles *objetivos* quiere Dios cumplir o lograr mediante su Palabra. Es decir, debemos tener un cuadro claro de la respuesta que la congregación debe dar al mensaje. Esto exige fe en que la Palabra de Dios en realidad logrará el propósito para el cual Él la dio. También requiere que oremos fervientemente no sólo por nuestra entrega del mensaje sino también por la gente y por su respuesta al mismo. Estoy convencido de que veríamos la obra de Dios en más poder de lo que ahora la vemos si identificáramos más claramente los objetivos que esperamos que la Palabra de Dios consiga, y oráramos con fe porque se cumplan.

El cuarto paso es que cuando procedemos a la estructuración real del mensaje, debemos asegurarnos de preservar la *intención* y el *equilibrio* originales del pasaje. No es por capricho que la discusión de la forma del mensaje viene en este libro *después* de la discusión de su función. La mayoría de las veces la forma debe seguir el flujo de la narración o del argumento bíblico.

Aun cuando esto ha sido sólo una breve discusión de la función y aplicación de las Escrituras a las necesidades de la congregación, es aquí precisamente donde debemos ser más enfáticos, porque es muy fácil que los expositores bíblicos fallen en este punto. A riesgo de que parezca que estamos haciendo demasiado énfasis, debemos recordar que a menos que hagamos una aplicación sensible, compasiva, fuerte e inequívoca, habremos hecho una simple exposición, y no predicación expositiva. Debemos preguntarnos constantemente no sólo qué es lo que estamos predicando, sino también por qué lo predicamos. En 1 Timoteo 1:5 Pablo dice: "El propósito de este mandamiento es el amor. . ." Debemos preguntarnos repetidamente cuál es el propósito de nuestra predicación expositiva.

Me gusta imaginarme que estoy guiando a los miembros de mi congregación mientras nos remontamos a los tiempos bíblicos. Nos hallamos como observadores invisibles del ambiente en que se desenvuelve la vida del texto. Nos identificamos con las necesidades y preocupaciones de los que escucharon al Señor Jesús, de los que escucharon la primera lectura de una de las cartas de Pablo, de los cristianos atribulados que leyeron el libro de Apocalipsis. Pensamos juntos no sólo en lo que ellos habrán sentido, sino en por qué se sentían en tal manera. Vemos cómo el ministerio del Señor Jesús y de los apóstoles, o de los otros escritores del Nuevo Testamento, les fue de ayuda. Hablamos juntos acerca de nuestro mundo, y de cómo nos sentimos. Pensamos tal vez en la ciudad donde vivimos en lugar de Palestina, en una empresa eléctrica en lugar del taller de carpintería, en un moderno hospital en lugar de la playa del mar de Galilea; en dólares, pesos u otra moneda moderna en lugar de dracmas. No nos apresuramos a caer en abstracciones o principios. Cuando hablamos acerca de las "verdades eternas", debemos reconocer que estas verdades realmente existen en el tiempo; el primer siglo, o el nuestro. No dejamos de lado la doctrina por estudiar historias o casos, pero tampoco estudiamos la doctrina en el vacío. La brecha existe todavía entre el primer siglo y el nuestro, pero se hallan conectados, no con una cuerda floja sino con un puente sólido, el puente de la verdad y del poder de las Escrituras para lograr su propósito en todas las edades. Es un puente que cruza la brecha de los siglos, y que podemos cruzar, hablando ahora con Pedro y Pablo, luego con nuestros vecinos. Los temores, las ansiedades, la soledad preocupan a Epafrodito o a Evodia, tanto como a don Pepe o a doña Manuela. Tal vez la manera más simple de expresar este enfoque de la aplicación es hacerse mentalmente dos preguntas. Estas son preguntas que idealmente deben estar en la mente de la congregación: "¿Qué habría decidido o hecho si yo me hubiera encontrado en las mismas circunstancias de la vida bíblica?" y "¿Qué debo, por lo tanto, decidir o hacer en mi propia situación actual?"[25]

Lloyd Perry sugiere que se analicen los pasajes bíblicos que tratan con el ambiente o esfera de la vida teniendo en mente varias preguntas: ¿Cómo surgió el problema? ¿Fue un problema económico? ¿Fue un problema de carácter sociológico, o físico, o psicológico? ¿Se aplica la solución que vemos en el pasaje bíblico a alguna situación similar de hoy, o fue relevante únicamente en su situación? ¿Qué pasos se dieron para resolver el problema que pudiera darse hoy día?[26]

El término "situación de la vida", según se aplica a la predicación bíblica, tiene una historia larga y variada que no debe detenernos aquí. Es importante darse cuenta, sin embargo, que a veces ha sido usado por quienes no han reconocido la plena inspiración y autoridad de las Escrituras, ni han reconocido la existencia e importancia de una verdad objetiva proposicional en las Escrituras. Es decir, han fallado por no ver que la Biblia contiene verdades acerca de Dios y de su mundo que es posible expresarlas en proposiciones válidas para todas las edades. Su predicación tiende a ser exclusivamente centrada en dimensiones personales en lugar de relacionar todos los aspectos de la existencia y relaciones personales a las doctrinas objetivas de las Escrituras.

Hay, por supuesto, una dimensión relativa a la predicación. Pero toda la existencia humana y las circunstancias y necesidades del individuo deben tener su lugar, y en realidad hallarán solución únicamente en la relación apropiada a las verdades eternas de Dios, su obra en la historia y la revelación de sí mismo y de sus verdades en la historia y en las Escrituras.

Predique a las necesidades del corazón y a las circunstancias externas

A menudo se nos recuerda que si vamos a cambiar el mundo tenemos que empezar cambiando a la gente. Esto significa más que regeneración, aun cuando eso es ciertamente básico. La persona promedio por lo general no está interesada en un desafío, aunque sea el mejor de ellos (construcción del templo, ayudar a la gente, evangelismo personal), a menos que tenga un sentido de afirmación personal, estimación propia y satisfacción personal al hacerlo. Sea que reduzcamos esto a pecado original o a una necesidad humana legítima, el feligrés típico viene al sermón con una simple pregunta: "¿Qué hay en ese sermón para mí?" Crudo como suena (y lo es), a menos que lo reconozcamos, el mejor sermón expositivo que pudiéramos predicar puede despertar gran admiración, y no producir acción. El contenido bíblico sólido puede impartir importantes conceptos nuevos, e incluso planes de acción, y sin embargo no conseguir "hablar al corazón", ni estimular a los oyentes a *apropiarse* de los nuevos conceptos, y a *ejecutar* la acción propuesta.

¿Qué establece la diferencia? Me apresuro a decir que *no se trata de la adopción de alguna teoría subcristiana de amor propio. Se trata de aquella preocupación personal que distingue al buen pastor del ministro. Es también el empleo consciente de una capacidad y un método. Ya escribí anteriormente acerca de invitar a mis oyentes a que me acompañen para remontarnos hacia atrás en la historia bíblica, de ayudar a la congregación a experimentar las circunstancias de la vida bíblica, de los sucesos, y asuntos morales antes de hacer un resumen de la lección. En tanto que es verdad que a menos que destaquemos la esencia del pasaje bíblico nuestra gente no será capaz de reproducir la lección en su propia vida, debemos asegurarnos de que se han identificado lo suficiente con los personajes o cuestiones del texto como para hacer esas prioridades *suyas propias*.

Esto significa que tenemos que movernos de lo general a lo particular, del grupo al individuo, de la descripción a la aplicación. Si estamos relatando una historia, nuestra gente debe "involucrarse en la acción". Si estamos explicando una doctrina, debe ver en ella una relevancia personal. De alguna manera debemos (incluso sin ninguna obstrucción) mostrar cómo la apropiación de esta verdad o principio les será de beneficio personal. Debemos, por lo tanto, estar conscientes de las profundas necesidades de los seres humanos. Esto va un paso más allá (y mucho más profundo) de simplemente hablar de las circunstancias, por impresionantes que pudieran ser. Una mujer que ha enviudado recientemente no está llorando únicamente al esposo fallecido. Puede también haber perdido hasta la razón para vivir. Puede sentirse culpable, o llena de dudas o ira. Puede estar dudando de Dios. Puede sentir tal vez que ya no es realmente una persona completa. Puede haber perdido (aun cuando sea temporalmente) su sentido de dignidad personal y estimación propia. Los temores pueden haber bloqueado su opinión de Dios; temor en cuanto a su seguridad económica, temor de que no será capaz de tomar decisiones, temor de que nadie se preocupe por ella en su salud quebrantada. Sin menospreciar el poder de las verdades bíblicas acerca de la vida eterna y el amor de Dios, debemos reconocer que una simple repetición de una doctrina tal vez no sea de mucha ayuda en tales circunstancias.

Hace algunos años apareció un librito que me fue de gran ayuda en el evangelismo personal. Se llamaba *The Dynamic of service* (La dinámica del servicio), y fue escrito por un misionero en Japón, E. Paget Wilkes. El énfasis de la obrita era que el autor había aprendido la necesidad de hacer una apelación a las preocupaciones profundas de los japoneses como un medio de abrir su corazón al bálsamo del evangelio. Mostraba cómo alcanzar a quienes tenían temor de la muerte, o incertidumbre en cuanto al futuro, soledad, etc. Esto no quiere decir "centrar el mensaje en el hombre", sino preparar el camino para el mensaje al mostrar a la gente tanto su necesidad de Dios como el interés de Dios por ellos.

Creo que incluso nuestras advertencias acerca de las consecuencias del pecado y del rechazo de Cristo pueden tomar en cuenta las necesidades humanas. Por ejemplo, la persona típica contemporánea que teme la soledad y el aislamiento bien puede ser motivada a venir a Cristo más fuertemente por la descripción del destino de los apóstatas en Judas 13: "Estos son. . . estrellas errantes, para las cuales está reservada eternamente la oscuridad de las tinieblas", que por el pensamiento de las llamas. Esto es especialmente real ahora que tenemos alguna idea de un universo siempre expandiéndose, y de la inmensa distancia entre estrellas, y podemos contemplar con horror la idea de un astronauta perdido en el espacio para siempre.

Para clarificar la idea de predicar a la necesidad personal, y para mostrar cómo tiene esto que ver con la predicación expositiva, voy a hacer una distinción entre tres maneras de acercarse al sermón: (1) predicar la verdad bíblica objetiva; (2) predicar acerca de cuestiones, asuntos, circunstancias o problemas (predicar acerca de asuntos o circunstancias contemporáneas); y (3) predicar con relación a la persona. Yo describiría la primera como exposición propiamente dicha. Puede contener las semillas de la aplicación (como las Escrituras siempre lo hacen), puede estar salpicada con varios indicios de aplicación, o puede concluir con una aplicación, pero su formato básico es la explicación de un pasaje. La segunda clase de sermón considera asuntos acerca de los cuales muchos de la congregación estarán pensando (¡o deberían estar pensando, en opinión del pastor!). Se construye un puente entre la situación de vida de la congregación y la situación de vida de un pasaje bíblico. Se anima a la gente a identificarse con la gente en la escena bíblica, y a tomar las decisiones o dar las respuestas apropiadas. El sermón puede tener todas las cualidades de exposición, e incluso aproximadamente la misma forma expositiva, pero comienza con la descripción de una circunstancia, problema o cuestión, y concluye con la resolución de esto y una aplicación práctica a la vida de los oyentes. El tercer tipo va más allá que el segundo, en que se concentra en los sentimientos interiores del individuo, antes que en las circunstancias que lo rodean. Esto no es diferente del segundo tipo con respecto a la forma, pero lo es con respecto al propósito. Puede empezar como una exposición propia, o como un sermón que se centra en un asunto, pero concluye con una aplicación al estado interno del individuo. Esto pudiera ser una invitación evangelística, una exhortación a tener valor, o una afirmación del amor de Dios.

Así como el segundo enfoque construirá un puente entre la situación contemporánea de la vida y la de la Biblia, así el tercer enfoque establece una empatía entre los sentimientos y la condición interna del oyente individual y aquellos a los cuáles se dirige el pasaje bíblico. ¿Cómo afecta esto a la exposición? El siguiente ejemplo puede aclarar el asunto. Ya hemos hablado de Romanos 5:1-11. Podemos dar una exposición igualmente fiel bien sea al concentrarnos en los actos salvadores de Dios y el proceso de la salvación, o al concentrarnos en la paz, el gozo y la esperanza que la obra salvadora de Dios puede producir en nuestro corazón. De este modo, el enfoque e intención del predicador modificará su introducción, su bosquejo y su aplicación, en tanto que conserva y presenta todavía la misma información expositiva que en el primero o segundo tipo.

Lo que estoy tratando en estas páginas no es simplemente la manera de producir la motivación para responder al sermón, y en consecuencia manejar mejor las situaciones de la vida. Se trata de ayudar al oyente a entenderse a sí mismo, a afirmarse a sí mismo como objeto del amor de Dios, y tal vez también a reconocer que es pecador. Esto no es sin relación a la motivación, o a las circunstancias de la vida, sino que va mucho más adentro, al "corazón del asunto"; en realidad, al mismo corazón del ser humano.

Alguien pudiera temer, en este punto, que el tercer enfoque puede centrarse tanto en la persona que corre el riesgo de sustituir las preocupaciones humanas poniéndolas en lugar de la gloria de Dios. Es verdad que el evangelismo contemporáneo ha hecho esto en ocasiones, o ha dado la impresión de haberlo hecho. Pero el "fin principal" del evangelismo relevante, y de la predicación centrada en la persona puede y todavía debe ser nuestro gozo y la glorificación de Dios.

Tal vez otro pueda temer que hagamos una separación entre la aplicación personal y el texto bíblico. Quizá tal lector ha luchado ya con el asunto de la predicación subjetiva en contraposición a la predicación objetiva de la historia bíblica, como se indica en la obra de Greidanus *Sola Scriptura*.[27] Como Greidanus muestra, el peligro del subjetivismo descontrolado es real. Debe ser evitado, pero también debe serlo una retirada a la pura objetividad. El sermón verdaderamente expositivo combinará una fiel explicación del pasaje en equilibrio apropiado con una relación a su aplicación. La respuesta yace en el contexto de la Escritura. ¿Cuáles son los hechos, datos e información? ¿Cuál es el ambiente en que se desarrolla la vida? ¿Cuáles son las cuestiones morales, éticas y doctrinales? ¿Cuál es la intención del Espíritu Santo y del autor humano inspirado al producir este texto? Procurar una aplicación psicológica, motivadora, centrada en el ser humano, sin hacerse estas preguntas, es tan erróneo como la alegorización, o la moralización, cuando estas no tienen ninguna base en el texto mismo.

Un tercer temor es que la teología se tornará sirvienta de la exhortación relacional. Muy por el contrario, enfatizaríamos la necesidad de la predicación doctrinal y de la predicación de la teología bíblica. (La diferencia entre las dos es que la doctrina trata con la síntesis de la enseñanza de varios pasajes en *verdades indicadas proposicionalmente*, en tanto que la teología bíblica se refiere al énfasis en los *varios aspectos* de la verdad dada de *manera distintiva* por los varios autores de la Escritura.)

La presentación clara de la teología, bien sea en las notas distintivas de Pablo, en la terminología de Juan, de Pedro o de Judas, o en los cuadros individuales de Jesucristo en los evangelios sinópticos, es esencial para toda adoración y acción. El pueblo de Dios necesita que se le ayude para construir una red de verdad teológica. Sin esto, su adoración será empobrecida, y sus decisiones éticas necesitarán de la ayuda de otros, en lugar de contar con suficiente información gracias a su propia percepción del carácter, caminos y voluntad de Dios. Hay siempre una necesidad por gran predicación doctrinal. Sin embargo, esto nunca debe presentarse de una manera estéril o aislada. Debe conducir a una relación más profunda con Dios, a un más grande asombro, a una obediencia más completa, porque todos estos resultados son en definitiva para la gloria de Dios.

Tal vez pueda ilustrar el asunto de la aplicación personal al hacer una lista de cinco bosquejos hipotéticos. El tema serán tres conceptos: Dios como Luz, Dios como Salvador, y Dios como refugio.

Tipo Uno: *Descripción*
1. El Señor, nuestra Luz.
2. El Señor, nuestra Salvación.
3. El Señor, nuestro Refugio.

Tipo Dos: *Declaración*
1. El Señor es nuestra Luz.
2. El Señor es nuestra Salvación.
3. El Señor es nuestro Refugio.

Tipo Tres: *Explicación*
1. ¿Qué significa que el Señor es nuestra Luz?
2. ¿Qué significa que el Señor es nuestra Salvación?
3. ¿Qué significa que el Señor es nuestro Refugio?

Tipo Cuatro: *Exhortación*
1. Permita que el Señor sea su Luz.
2. Permita que el Señor sea su Salvación.
3. Permita que el Señor sea su Refugio.

Tipo Cinco: *Aplicación*
1. Cómo el Señor puede ser nuestra Luz diaria en la tinieblas.
2. Cómo el Señor puede ser nuestro Salvador
   cuando sentimos nuestra culpa.
3. Cómo el Señor puede ser nuestro Refugio
   cuando nos sentimos acosados.

Estos ejemplos son hasta cierto punto artificiales, pero los he simplificado para hacer claro el contraste. Hay una progresión obvia que va de la simple repetición de una frase bíblica a una aplicación personal. Si vamos a avanzar de la simple exposición a un sermón expositivo, necesitamos estar conscientes de la manera de avanzar del texto a la aplicación.

No puede decirse que alguno de los cinco ejemplos esté equivocado en sí mismo, pero debe observarse que conducirán naturalmente a diferentes respuestas de parte de la congregación. En realidad, ninguno de ellos está expresado aquí como una exposición de un pasaje en particular, aun cuando el lector puede pensar en algunos pasajes, tal vez de los Salmos, que contengan estos conceptos. La verdad contenida en estos conceptos puede ser relacionada de tal manera como para facilitar una nueva apreciación de Dios, que se manifiesta en la adoración, y podría también ayudar a las personas a tratar con ciertas circunstancias en su vida, o podría darles un renovado sentido de confianza interior personal debido a que Dios se muestra a sí mismo poderosamente a favor de ellas.

Estamos ahora listos para tratar de lo que hemos apenas señalado, la forma real del sermón. Esta forma debe servir no sólo a la exposición, sino también a la aplicación del mensaje.

Capítulo ocho

La estructuración del sermón: La "Forma"

Los sermones expositivos requieren forma homilética

Pese a los gastados chistes acerca de los sermones de tres puntos, es raro el sermón que adolezca de forma y que sea fácil de seguir. Como observamos en el capítulo 1, hay sermones que intentan ser expositivos, pero que simplemente deambulan de versículo a versículo. No pasan de ser nada más que un desatinado comentario sin forma alguna.

Los puntos del bosquejo de un sermón no son simplemente recursos mnemotécnicos. Algunos piensan que un pasaje de la Escritura tiene suficientes puntos destacados en sí mismo, como para hacer innecesario el bosquejo del sermón. Pero el bosquejo de un sermón es también un medio para (1) cernir y agrupar los datos de un pasaje a fin de facilitar la *comprensión*, (2) enfocar los aspectos de ese pasaje que el predicador encuentra importantes para el *énfasis*, y (3) permitir que el sermón avance hacia su *meta*.

La primera de estas funciones es importante porque el pasaje puede ser tan largo o complejo que la congregación (especialmente si algunos no tienen el texto ante sí o tienen dificultades con la vista) no puede entender fácilmente las relaciones internas de sus partes. Pero también el expositor puede reordenar la secuencia de los asuntos del pasaje. Puede hacer esto para poder empezar con algo que es más comúnmente conocido o entendido, y avanzar hacia algo que se origina de ese hecho. Puede también decidir comenzar con algunos datos de respaldo en el texto, y progresar hacia las implicaciones del mismo. Pero los datos de respaldo pueden en realidad aparecer después de la declaración en cuanto a sus implicaciones, y por consiguiente requerir una nueva colocación y estructuración cuidadosa en un bosquejo. Hemos visto anteriormente que las partes de un pasaje pueden ser reordenadas siempre y cuando tal acción no resulte en distorsión, desequilibrio o confusión.

La segunda función de un bosquejo, enfocar ciertos aspectos de un pasaje, debe controlarse con mucho cuidado. Si la selectividad resulta en excluir partes de un pasaje que son esenciales para el argumento o para la comprensión de su mensaje, tal proceso no es válido. Es precisamente en este punto que la intención del predicador puede ir contraria a la intención del Espíritu. Hemos visto que una de las razones para la predicación expositiva es reducir la posibilidad de concentrarnos en algunos temas a expensas de menoscabar a otros. Pero, hay ocasiones cuando hay un mensaje válido que se deriva de un pasaje, y que no involucra cada parte o cada punto doctrinal contenido en todo el pasaje. El predicador no ha seleccionado un sermón textual, porque ninguna frase u oración en particular incorpora la cuestión completa o provee por lo menos un enfoque para la misma. El pensamiento que encuentra significativo para su sermón está hilvanado a lo largo de todo el pasaje. La forma del sermón puede ayudar en tal caso. Un bosquejo puede ayudar a la congregación a seguir el hilo de pensamiento, y ver su significación en su contexto apropiado.

Notamos que una tercera función de un bosquejo es contribuir a que el sermón avance hacia su meta. La importancia de tener una meta en mente mientras formamos el sermón, se refleja en la misma secuencia de los capítulos de este libro. El lector habrá notado que el capítulo sobre la "función" precede al que trata de la "forma". La razón para esto es la convicción de que la forma debe servir a la función, y no viceversa. La aplicación del pasaje no debe ser un pensamiento posterior. El proceso por el que uno escoge un pasaje y el peso que uno siente por su mensaje deben estar en una relación dinámica mutua, y entre ambos deben determinar la forma. ¿Cómo puede uno construir un camino si no sabe a dónde debe conducir? ¿Cómo puedo yo estructurar un sermón si no sé qué clase de respuesta exige el pasaje ni la que procuro conseguir?

Demasiado a menudo pensamos en los puntos de un sermón como si fueran estáticos y no dinámicos. Los vemos simplemente como auxiliares en la organización: "Ahora estoy hablando acerca de esto", "Ahora estoy hablando acerca de aquello", y así sucesivamente. Este enfoque no sólo puede matar un sermón y poner al público a dormir, sino que también puede paralizar las Escrituras. Los pasajes bíblicos no son estáticos. Tienen movimiento. ¡Incluso las genealogías se mueven de siglo a siglo, y de un ambiente cultural a otro! Las narraciones obviamente tienen vida, y también la tienen los pasajes didácticos. Llevan al lector de algo que se da por sentado a una conclusión, de alguna verdad acerca de Dios y su mundo a lo que significan para mí.

Los diversos elementos de composición que ya hemos visto son dinámicos en sí mismos. Los entusiastas del sonido estéreo hablan de la amplitud dinámica de las grabaciones. Los equipos más recientes pueden ampliar considerablemente la amplitud dinámica, de modo que el aficionado del estéreo que se sienta en la sala de su casa puede deleitarse con un pasaje muy suave en un momento, y salir despedido de su sillón por el estruendo de trompetas al siguiente. Así es con la Escritura. Donde hay tales contrastes, déjese que el contraste impacte a la congregación con toda su fuerza.

¿Hay desarrollo en un pasaje partiendo de una verdad comúnmente conocida a una menos conocida? Reconocer esto puede ser la cura para dos quejas comunes en cuanto a los sermones: que simplemente repiten lo que la mayoría de cristianos ya conocen y, en el otro extremo, que los sermones vuelan por encima de la cabeza de la mayoría en la congregación. Una buena estructura homilética puede prevenir ambos aspectos de estas críticas si (1) revisamos las partes de un pasaje que describen verdades generalmente conocidas por los creyentes, (2) nos aseguramos de que incluso el más nuevo visitante comprende esos asuntos esenciales, y luego (3) avanzamos cuidadosamente, paso a paso, como un buen maestro, a la presentación más adelante de una nueva perspectiva del pasaje. De este modo hay movimiento de lo conocido a lo desconocido.

Los puntos sucesivos de un sermón estructurado con maestría pueden también proveer un cuadro casi invisible de algún personaje bíblico. Como una visualización gráfica en la televisión, o el desarrollo de un personaje en una novela, drama o película, el predicador puede presentar vívidamente las características, virtudes, faltas y el destino final de un personaje dado. Debe haber no sólo un desdoblamiento dinámico de los sucesos en la vida del personaje bíblico, sino también una revelación provocativa, etapa por etapa, de su carácter, impulsos motivadores, y vitalidad o deficiencias espirituales, hecha de tal manera que la congregación no quiera perderse la siguiente fascinante revelación.

Los expertos en homilética que estén leyendo este capítulo probablemente ya habrán notado un problema. Una congregación por lo general recuerda lo que escucha al principio. El principal impacto de un sermón es a menudo hecho (¡sea a propósito o no!) en los primeros minutos. ¿Cómo podemos cautivar a la congregación durante esos primeros minutos de atención concentrada, y al mismo tiempo movernos hacia un clímax?

Este problema no es muy diferente al que enfrenta un novelista o el productor de un drama o una película. Una diferencia muy grande es, por supuesto, que el sermón no está diseñado para entretener, sino para motivar. Los primeros minutos no pueden servir únicamente para captar la atención y despertar un sentido de necesidad, sino que también deben proveer de suficiente verdad bíblica substancial como para señalar la dirección y la meta del mensaje. Una buena apertura o introducción convencerá a la congregación no sólo de la *relevancia*, sino también del *valor* de lo que van a escuchar si le prestan atención. Me gusta oír un sermón que no sólo tenga una sucesión clara de puntos, sino que también me dé una indicación por anticipado de hacia dónde se dirige. Es probable que el conductor de un vehículo se sienta menos molesto que los pasajeros por los baches y desigualdades de la carretera, porque puede verlos con anticipación. Así el predicador debe permitir que sus oyentes sepan por anticipado hacia dónde se dirige. Algunos tal vez piensen que esto arruina el elemento del suspenso, pero incluso si queremos que nuestro sermón sea como un drama de suspenso que aumenta en tensión hasta el final, debemos dar al principio a la congregación una idea del clímax. En realidad, el éxito de algunos dramas depende de la manera en que van despertando un sentido de lo inevitable.

Lo que sugiero es que estudiemos el texto cuidadosamente antes de empezar a escribir nuestros puntos, para ver qué partes del texto contribuyen a la "declaración" de apertura, y qué partes se prestan, por su propia naturaleza, a un sentido de progresión en el sermón. Si queremos que nuestro sermón incluya una introducción, un clímax, y que tenga un impacto final, seremos sabios al ver si podemos encontrar todo eso en el texto mismo.

La gran probabilidad es que todas estas metas pueden conseguirse simplemente siguiendo el texto en su secuencia bíblica. Esto debería ser siempre la primera opción. Puede haber algunos textos, sin embargo, cuya exposición resultará mejor si gira alrededor de una palabra, frase o declaración central, cerrando el círculo cada vez más, a medida que escogemos los diversos puntos que nos preparan para entenderla y captar su importancia. Lo importante es que no reordenemos el texto en nuestro sermón de tal manera que la congregación no pueda seguirnos o no pueda usar nuestro método de enfoque como modelo para su propio estudio personal de la Biblia. Recuérdese que el Espíritu Santo inspiró las Escrituras en la forma en que ellas existen. Hay razones de peso para que los elementos de un pasaje consten en la secuencia en que los encontramos.

Pero, ¿qué tal si el pasaje que he escogido es uno que no tiene suficiente estructura o una secuencia suficientemente clara de la cual pueda derivar un bosquejo homilético? ¿Son mis únicas alternativas tratar de hablar a mi congregación mediante un sermón bíblico pero pobremente organizado, o, por otro lado, seleccionar un bosquejo temático, usando la Escritura sólo como material auxiliar? La última opción no es por lo general una exposición, y la anterior no es predicación expositiva. Aún hay otro dilema más que enfrenta el predicador que desea relacionar su prédica a una situación particular de la vida en su congregación. Puede ser que esta situación necesita más atención directa que lo que permite por lo general un sermón expositivo. Además, seleccionar simplemente un pasaje puede significar omitir otros que son igualmente importantes para tratar de aquella situación. Supóngase que quiero predicar un sermón temático relevante, y que sin embargo deseo exponer las Escrituras. ¿Son estos dos propósitos mutuamente excluyentes? A menudo he encontrado que los estudiantes quedan frustrados por completo al tratar de compaginar los ideales de la predicación expositiva, aprendidos en los cursos de exégesis, con los ideales de la teoría homilética. Por ejemplo, un estudiante puede ver un gran valor al adoptar una de las cinco "Formas orgánicas", que sugiere Henry Grady Davis en su obra *Design for Preaching* (Diseño para la predicación): (1) Un tema discutido, (2) Una tesis respaldada, (3) Un mensaje iluminado, (4) Una pregunta propuesta, (5) Una historia contada.[28] Tal vez sienta, sin embargo, que debe escoger entre una de estas formas y un modo expositivo de predicación. No obstante, cuando traemos estas formas a las Escrituras, es muy probable que hallaremos que alguna de ellas es eminentemente apropiada como un vehículo para la exposición de la Palabra. Tal vez un pasaje puede ser adaptado en su totalidad y sin distorsión a alguna de aquellas formas. Esta posibilidad se ve claramente al observar la obra *Biblical Preaching* (Predicación bíblica) de Haddon W. Robinson.[29] En su capítulo acerca de "Las formas que toma un sermón", propone, entre otros procedimientos: "Una idea que debe explicarse", "Una proposición que debe probarse", "Un principio que debe aplicarse", y "Un tema que debe completarse". Aun cuando éstos puedan parecer similares a las cinco "Formas orgánicas" de Davis, tienen su carácter individual en la obra de Robinson, y cada una de ellas pueden ser de ayuda para la exposición del texto bíblico.

Algunas veces el predicador tal vez se vea en la necesidad de limitar el tiempo que invierte en la exposición directa, ajustando una exposición reducida a un marco más amplio. El mismo procedimiento puede seguirse cuando se predica respecto de una situación de la vida. En realidad, no hay razón por qué dos o tres pasajes no puedan ser tratados de esta manera. En tal caso, los pasajes no serán expuestos en detalles. En lugar de eso, cada uno será introducido bajo uno de los puntos del sermón. Una frase o dos serán suficientes para localizar el pasaje en su contexto, de modo que la congregación pueda entenderlo. Algunos versículos pueden ser explicados, y aplicados al punto que se está tratando. El próximo pasaje puede ser presentado y tratado de la misma manera, y así sucesivamente. Esto es muy diferente de usar las Escrituras meramente como un material auxiliar para reforzar algún punto. La integridad del pasaje en su contexto es conservada. Se conserva la secuencia de pensamiento en el pasaje, aun cuando sea en sólo algunos versículos. Se aplica la Escritura de acuerdo con su propia función dentro de una situación real de la vida de los escritores y lectores originales.

De la misma manera, la aplicación de los principios homiléticos puede ayudarnos a presentar un pasaje de una manera lógica y convincente, sea que el pasaje en sí mismo tenga una estructura que se preste en sí misma a la predicación o no. La explicación del proceso sermónico que da Lloyd M. Perry, en su libro *Biblical Sermon Guide* (Guía para el sermón bíblico) es muy útil aquí.[30] Aun cuando los sermones expositivos como tales son mencionados como sólo una de múltiples variaciones, esto no excluye el uso de los otros bosquejos como un marco y estructura básica para la exposición. Hay varios pasajes de las Escrituras que pueden ser expuestos de acuerdo con el primer ejemplo de variaciones de bosquejos propuesto por Perry: el sermón "adverbial" o "interrogativo": I. ¿Qué es la oración? II. ¿Quién debe orar? III. ¿Por qué debemos orar?[31] Este es sólo el primero de muchos ejemplos que podrían darse de ese capítulo.

Tres tipos de sermones

Podemos clasificar los sermones en tres tipos básicos. Uno es expositivo *estructuralmente*, es decir, su estructura es determinada por la estructura del pasaje bíblico. Un segundo tipo es expositivo *indirectamente*. El sermón incluye la exposición, pero la estructura del mismo no es determinada únicamente por aquel pasaje. El tercer tipo es el *temático*. Su estructura no es determinada por aquel pasaje, aun cuando puede encontrar su información en uno o más pasajes bíblicos.

Para abundar más en cuanto a estos tipos de sermones, considerémoslos en orden inverso. El sermón *temático* variará considerablemente de acuerdo con la teología, preocupaciones y método del predicador. Puede ser muy bíblico, en el sentido de que trasmite la esencia de la enseñanza bíblica sobre un tema. Sin embargo, su metodología no es reproducible por parte de la congregación en su estudio personal de la Biblia. No hay clara presentación del curso del argumento o de la secuencia de sucesos en un pasaje individual. Algunos puristas de la predicación expositiva desdeñan esta clase de mensaje considerándola inferior. Me gustaría sugerir que tiene gran valor si se emplea apropiadamente. Sin embargo, una congregación que oye sólo (o incluso principalmente) sermones temáticos, adolece de la falta de algunos beneficios de la enseñanza directa de la Biblia. Mis comentarios anteriores en cuanto al valor de la predicación expositiva indican por qué es así.

El sermón que es expositivo *indirectamente* puede, de algunas maneras, ser homiléticamente superior a muchas exposiciones directas. Si, por ejemplo, se sigue el método proposicional de Lloyd Perry, uno podría aplicar esto bien sea a un sermón temático o a un sermón expositivo. Uno puede seleccionar un pasaje (por ejemplo, Romanos 4), establecer el tema (justificación); declarar un tema (justificación por fe, no por obras); formular una proposición (somos justificados sólo por la fe); y presentar una frase de transición ("Pablo nos muestra en Romanos 4 por qué sólo por la fe podemos ser librados de la culpa delante de Dios."). Luego uno puede proceder a una exposición del pasaje, punto por punto, porque su recuadro homilético se basa en la secuencia de la enseñanza en tal pasaje. Perry tiene varios tipos de procedimientos, tales como "modificación", "clarificación" e "investigación", cada uno de los cuales puede ser usado para dar forma y dirección al mensaje expositivo.[32] Este método de enfoque es de utilidad especial cuando el predicador desea concentrarse en un tema de un pasaje. Puede prevenirle de perder la dirección o el poder como ocurre algunas veces cuando intentamos tratar con igualdad los diversos temas de un pasaje.

Debe decirse, sin embargo, que este o cualquier otro método de enfoque diferente de la exposición estructural puede permitir que el predicador se desvíe de la verdadera enseñanza principal de un pasaje, si se descuida. Tal vez vea un tema en el texto que no es realmente una parte significativa del hilo de pensamiento en ese contexto del autor bíblico, y lo saque de su contexto mientras pretende dar atención a tal contexto. Lo mejor que podría hacer es hallar otro pasaje que enseñe claramente la verdad que se siente guiado a predicar y hacer una exposición correcta de ese otro pasaje, en su lugar. Es también demasiado fácil imponer sobre un pasaje un énfasis o significado que no se encuentra allí, sencillamente por la necesidad de llenar un bosquejo. Cada punto puede ser verdad, y hasta quizá sea una verdad bíblica, pero si no brota de un pasaje, el predicador despertará sospechas en cuanto a su integridad si aduce encontrarlas allí. Además, no estará dando un buen modelo de estudio bíblico. Criticamos a las sectas por distorsionar las Escrituras, pero uno también puede distorsionar las Escrituras en el púlpito simplemente al tratar de encajarla en el molde homilético de uno.

La exposición indirecta puede también permitir un tratamiento más amplio de temas bíblicos significativos que lo que permite un sermón estructuralmente expositivo. Supóngase, por ejemplo, que quiero predicar acerca de las parábolas de Jesús sobre la oración que se hallan en Lucas 11 y 18. Puedo ligarlas con otras Escrituras al predicar sobre: "Por qué podemos tener la intrepidez de orar sin cesar." Puedo empezar con "1. Porque Dios lo ordena", escogiendo algunos pasajes tales como el de Pablo: "Orad sin cesar" (1 Tesalonicenses 5:17, asegurándome de que entiendo su significado). Luego puedo presentar: "2. Porque Jesús ilustró en dos parábolas la oración paciente" (Lucas 11 y 18). Puedo concluir con "3. Porque Dios nos ha dado algunas promesas directas para estimularnos", y proveer unas pocas de tales promesas con una breve explicación de cada una. Tal sermón incluirá una exposición, en forma compacta, de las dos parábolas. Admito que en este caso he escogido, para mi ilustración, dos de las parábolas más difíciles de interpretar. Pero, ¿no es esa la clase de problema que a menudo encaramos en nuestra preparación del sermón? En tal caso se nos desafía a hacer frente a los problemas exegéticos y a arreglar el pasaje apropiadamente para la predicación.

Si los pasajes son demasiado complejos como para ser tratados brevemente dentro de los límites de tal sermón, yo consideraría ampliar el sermón y convertirlo en una serie, a la cual titularía: "Por qué podemos tener la intrepidez de orar sin cesar." Mis sermones individuales podrían, entonces, variar en forma uno de otro. El primero, sobre los mandamientos, trataría éstos en forma individual. El segundo, (o los dos siguientes), sobre las parábolas, serían expositivos estructuralmente. El sermón (o sermones) final podría tomar una forma diferente. Esta manera de tratar el asunto tiene un beneficio adicional: añadiría variedad a mi predicación, mientras que a la vez todavía usa la exposición.

Si escojo predicar sobre 1 Tesalonicenses 5:17 para mi primer mensaje, predicaría un sermón *textual*. No he anotado este como un tipo separado, aun cuando es costumbre hacerlo así. Para el propósito de este libro lo considero como una oportunidad para la exposición *indirecta*. Esto es, el texto no debe ser predicado sin referencia alguna a su lugar en su contexto. Bien sea por referencias ocasionales al contexto, o por un tratamiento del mismo en algún lugar del sermón, el predicador establecerá su significado dentro del hilo del pensamiento. El sermón textual puede ser en parte temático, en la medida en que el predicador trata con un pensamiento (por ejemplo, "Por

qué debemos orar sin cesar" o "Cómo podemos orar sin cesar").
Puede ser en parte expositivo, en tanto y en cuanto explico y aplico
las palabras y frases del texto.

Algunos de los más grandes sermones jamás predicados han sido
sermones textuales. La serie de múltiples volúmenes editada por
James Hasting en los primeros decenios de este siglo, *Great Texts of
the Bible* (Grandes textos de la Biblia), es un monumento a la predicación textual. Un sermón textual no es en sí mismo necesariamente un sermón expositivo. No hay duda de que la mayoría no lo
son. Pero pueden ser usados de manera tal que un pasaje de la
Escritura es explicado y aplicado y el significado del texto enrique-
cido al hacerlo.

Exposición estructural y sus modificaciones

La exposición estructural debe siempre, a mi juicio, ser el primer
método a considerarse, incluso cuando pueda dar paso, rápidamente,
a la manera de exposición indirecta o temática. Al comenzar por la
manera estructural, me disciplino a mí mismo a analizar el pasaje o
los pasajes bajo consideración, e imprimo en mí mismo la dirección
de ellos, su principal enseñanza, su énfasis moral y su función en
determinada situación de la vida. Cuando estos asuntos quedan de-
terminados, puedo empezar la delicada tarea de reformular los puntos principales del pasaje de una forma que tenga coherencia homilética.

Es precisamente en este punto que sugiero que rompamos con el
concepto usual de la predicación expositiva. La exposición estructural *no* necesariamente significa exposición *lineal*. Un breve ejemplo de esto fue dado antes con referencia a un tema. Otro ejemplo
se ve en la distinción que hace Haddon Robinson entre un sermón
inductivo y un sermón deductivo. En éste, la idea básica aparece al
principio, y el sermón desarrolla tal idea. En aquel, en el sermón
inductivo, la congregación es conducida paso a paso a la idea. Estos
pasos "producen un sentido de descubrimiento, como si ellos [los
oyentes] hubieran arribado a la idea por sí mismos".[33]

Todavía es posible más variedad, y en realidad una variedad inherente en el texto en sí mismo. Recordemos el capítulo 2 y la discusión sobre los "modelos". Los autores bíblicos no escriben al azar
ni desperdician palabras. Si ellos han sido guiados por el Espíritu
de Dios al seguir un modelo estructural determinado, o a introducir
un modelo semántico distintivo, es para llamar la atención del lector,
a fin de presentar poderosamente el mensaje. Es verdad que la retórica del primer siglo no es lo mismo que la retórica actual. Por lo
general no empleamos la estructura de repetición inversa, por ejem-

plo. Pero puedo (1) observar la estructura retórica en mi estudio, y emplear medios convencionales contemporáneos para trasmitir el mensaje, o (2) dejar que la congregación vea la estructura original (contribuyendo de esa manera a incrementar su conocimiento bíblico), y luego proceder a usarlo tal como aparece. He encontrado que a las personas a menudo esto les fascina, y sienten que están aprendiendo algo que la mayoría de la gente no ha encontrado en el texto. Un buen ejemplo de esto es la estructura de presentación inversa en Lucas 1:67-79, el canto de Zacarías cuando nació Juan el Bautista. El orden de la estructura inversa es como sigue:

1 "nos ha visitado" (v. 68)
2 "su pueblo" (v. 68)
3 "Salvador" (v. 69)
4 "profetas" (v. 70)
5 "Salvación . . . enemigos" (v. 71)
6 "padres" (v. 72)
7 "pacto" (v. 72)
7' "juramento" (v. 73)
6' "padre" (v. 73)
5' "librados . . . enemigos" (v. 74)
4' "profeta" (v. 76)
3' "salvación" (v. 77)
2' "su pueblo" (v. 77)
1' "nos visitó" (v. 78)

Esta estructura puede ciertamente ser señalada durante el curso del sermón. En algunas situaciones informales hasta puede ser impresa y distribuida, o mostrada en un proyector de transparencias. Puede explicársela en términos de las profecías del Antiguo Testamento y de su cumplimiento en la llegada de Juan el Bautista, el precursor del Mesías. Los elementos esenciales pueden ser estructurados en un sermón de modificación. Por ejemplo, si este pasaje fuera a ser predicado en la temporada de Navidad, la línea de introducción y bosquejo pudiera ser como sigue:

Podemos alabar a Dios hoy, como Zacarías lo hizo, porque:
1. Dios nos *ha visitado* (ha venido a nosotros).
   (Referirse a la venida de Cristo.)
2. Dios *salva* a su pueblo.
   (Explicar el evangelio y cómo podemos llegar a ser el nuevo pueblo de Dios.)
3. Dios guardará su *promesa.*
   (Recalcar que se puede venir a Dios con confianza.)

Será necesario explicar en cada punto donde ocurren las palabras clave en el pasaje, lo que significan en su contexto, lo que enseñan los versículos que las contienen, y cómo todo esto puede ser aplicado hoy día. No es un pasaje fácil, pero tal manera de tratarlo (1) da una exposición del pasaje en la forma única en que Lucas lo escribió, (2) le permite a uno predicar sobre un pasaje que muy pocas veces se usa para un sermón desde el púlpito, y (3) reduce un pasaje pesado a algunos puntos claros sin vaciarlo de su significado. Los temas pueden ser explicados en su sentido del Antiguo Testamento, y luego en su aplicación cristiana. Debido a que el pacto/juramento se halla en el centro de la presentación inversa, esto naturalmente será el punto culminante del sermón. ¡Dios guarda su promesa! Esto puede conducir fácil y bíblicamente a una aplicación del evangelio. Deliberadamente he seleccionado lo que parece ser un recurso retórico antiguo muy improbable, ¡para mostrar que incluso este puede ser usado en su forma original!

El punto que estamos recalcando es obvio: cualquier modelo estructural o semántico que observemos en un pasaje debe ser cuidadosamente examinado para ver si tiene potencial para un bosquejo de un sermón. Pero no es suficiente simplemente reproducir tal modelo. Debe estudiarse para ver qué es lo que consigue en su propio contexto. ¿Cómo es que ese modelo mueve nuestro pensamiento? ¿A dónde nos conduce? ¿Qué verdades enfatiza? ¿Por qué las enfatiza? Los elementos del modelo ¿contestan las preguntas básicas de "¿quién?" o "¿qué?" (el proceso de clarificación, según Perry), o "¿por qué?", "¿cuándo?" o "¿dónde?" (el proceso de modificación, según Perry)? ¿Nos ayuda el modelo a ver más claramente algún asunto o cuestión, alguna idea, alguna proposición o principio (para tomar algunas de las categorías de Davis o de Robinson)? Si es así pudiéramos de inmediato ver si estos elementos por sí mismos presentan el flujo y sustancia del pasaje. Si lo hacen, podemos usarlos como nuestras divisiones principales en el desarrollo de nuestro sermón. Si no lo hacen, deberemos determinar la mejor manera de analizar el pasaje, de nuevo mirando el bosquejo del párrafo, y entonces viendo si los elementos del modelo pueden ser incluidos dentro de esa estructura general.

Procedimiento

La manera en que aplicamos todas las sugerencias anteriormente anotadas es crucial. Nuestro análisis del pasaje puede ser exhaustivo y exacto, pero si no es llevado hasta integrarlo en una estructura homilética apropiada, será tan inútil como un automóvil que tiene un motor que funciona perfectamente pero que tiene dañada la caja de velocidades. Recomiendo el siguiente procedimiento:

1. Realice el trabajo preparatorio indicado anteriormente: Examine el contexto, note las características y temas dominantes, y haga la exégesis práctica de los elementos significativos del pasaje.

2. Construya uno o más bosquejos tentativos para la médula exposicional de su sermón, o para aquellas partes del mismo que serán expositivas, si el sermón va a ser de exposición indirecta. Determine si el pasaje completo se presta a ser el meollo de su sermón o si usted deberá concentrarse en sólo una parte del mismo. Estructure el bosquejo o los bosquejos alrededor de lo que es más apropiado para: (1) la forma literaria del pasaje; (2) los elementos significativos de composición, modelos semánticos, y, sobre todo, la narración o flujo lógico del pasaje; (3) la función del pasaje en su propio ambiente vital, y la aplicación que usted cree que es apropiada para la vida de su congregación; (4) su propio estilo de predicación. A medida que avanza, tenga en mente las formas posibles para el sermón, listo para considerar también algún nuevo tipo, si no son apropiados los que por lo general acostumbra a usar. Su sermón puede ser estructurado a partir de:

a. Las *cláusulas principales* del pasaje, según será determinado mediante el análisis del párrafo (cláusula) que ya se ha descrito anteriormente, siempre y cuando las cláusulas principales sean no sólo tales de acuerdo con la sintaxis, sino también con las ideas principales en el hilo del pensamiento del autor.

b. Una secuencia de *cláusulas o frases subordinadas*, si éstas son (1) *fundamentales*, o proveen *información de respaldo* para las cláusulas principales, de modo que exigen mayor atención, o (2) contribuyen al propósito o *resultado* de las cláusulas principales en forma tan significativa al punto de que deben controlar la dirección del sermón. Al hacer esto, tenga cuidado de no hacerlo simplemente para recalcar ideas favoritas de su propia cosecha.

c. Una *combinación* de las cláusulas y frases principales y subordinadas, si esta es la mejor manera de captar la dirección del pensamiento del autor.

d. Una *verdad dominante* o un *imperativo ético*, si esto, y no una secuencia lineal de ideas, es lo que caracteriza al pasaje (ejemplo, 1 Corintios 13; Hebreos 11).

e. Un *modelo estructural* distinto de la secuencia normal de la cláusula, o un *modelo semántico* (véase capítulo 2), si el tal conlleva un énfasis principal del autor y no es meramente de estilo.

f. Una *estructura narrativa*, basada en la secuencia de sucesos o en el desarrollo de la delineación de un personaje.

3. Tenga en mente lo siguiente, a medida que usted estructura el bosquejo principal y las subdivisiones:

a. El resumen en frases individuales que usted hizo del pasaje.

b. Las ideas clave; obtenidas de las frases o palabras clave, las cláusulas principales, vocablos en el mismo campo semántico, elementos lógicos de composición, y otros "modelos" y fenómenos lingüísticos.

c. Datos auxiliares. Información, casi siempre contenida en construcciones subordinadas, que proveen el cimiento doctrinal o cosas que se dan por sentado, motivos, metas, objetivos, medios y modos.

d. "Color" emocional. Estados de ánimo (alegría, cólera, confianza, jactancia, tristeza, temor), los cuales pueden ser una parte esencial de la comunicación.

e. Trayectorias en el contexto y en el libro como un todo. Temas, estados de ánimo, doctrinas e imperativos que se mueven a través del pasaje, y que no pueden ser tratados aisladamente de su contexto más amplio.

4. Pruebe su bosquejo para asegurarse de que es:

a. Fiel al texto, trasmitiendo las principales verdades o imperativos con el mismo equilibrio que tienen en el texto. Si usted ha hecho su resumen del pasaje en una sola frase, como fue propuesto anteriormente, ¿está su bosquejo de acuerdo con la esencia del mismo?

b. Claridad del texto, y, en particular, comprensible en la traducción que tiene en sus manos la mayoría de la congregación.

c. Relevante para los oyentes, y orientado hacia un propósito, conduciendo a la congregación a la conclusión y aplicación que deben derivar del pasaje.

d. Ni árido ni estático, sino dinámico, estimulando el interés y la respuesta. Debe moverse hacia un clímax

Ejemplos

Ahora estamos listos para trabajar en un bosquejo de un sermón, reuniendo todas las ideas y métodos de enfoque mencionados hasta aquí. Me gustaría mostrar cómo un pasaje, Romanos 5:1-11, puede ser estructurado en dos diferentes tipos de sermón, cada uno de los cuales es fiel al texto, y sin embargo es aplicado en una manera distintiva.

Sermón número uno

Ante todo podemos seguir un análisis básico del párrafo (cláusula) para determinar las *cláusulas principales*. Un ejemplo ya fue dado en el capítulo 3. Lo siguiente es una ligera modificación de ese análisis, que reproducimos aquí para conveniencia del lector.

v. 1   Justificados, pues, por la fe,
     tenemos paz para con Dios
        por medio de nuestro Señor Jesucristo;

v. 2   por quien también tenemos entrada
     por la fe
       a esta gracia
        en la cual estamos firmes,
    y nos gloriamos en la esperanza de la gloria de Dios.

v. 3   Y no sólo esto,
    sino que también nos gloriamos en las tribulaciones,
      sabiendo que
       la tribulación produce paciencia;
        y la paciencia [produce] prueba;
        y la prueba [produce] esperanza;

v 5   y la esperanza no avergüenza;
       porque el amor de Dios ha sido derramado
       en nuestros corazones
       por el Espíritu Santo
        que nos fue dado.

v 6   . . cuando aún éramos débiles,
    a su tiempo
Cristo murió por los impíos.

v 7   Ciertamente, apenas morirá alguno por un justo;
    pudiera ser que alguno osara morir por el bueno.

v. 8   Mas Dios muestra su amor para nosotros,
      en que siendo aún pecadores,
    Cristo murió por nosotros.

v. 9   Pues mucho más,
       estando ya justificados
        en su sangre,
        por él
        seremos salvos de la ira.

v. 10   Si siendo enemigos
          fuimos reconciliados con Dios
             por la muerte de su Hijo,
          mucho más,
          estando reconciliados,
          seremos salvos
             por su vida.
v. 11   Y no sólo esto,
        sino que también nos gloriamos en Dios
          por el Señor nuestro Jesucristo,
          por quien hemos recibido ahora la
             reconciliación.

Hay cuatro cláusulas principales en los versículos 1 al 5. Ellas representan cuatro afirmaciones básicas de Pablo. Son tan claras como expresión del hilo de pensamiento de Pablo que producirán un excelente bosquejo.

Tenemos paz con Dios (v. 1).
Nos gozamos en la esperanza de la gloria de Dios (v. 2).
También nos gozamos en nuestros sufrimientos (v. 3).
La esperanza no nos desilusiona (v. 5).

Estas cláusulas principales no son suficientes como para darnos un bosquejo básico para un sermón, pero son suficientemente amplias como para permitirnos incluir el resto del pasaje completo como información auxiliar vital.

A partir de estas cláusulas podemos estructurar un bosquejo que varía muy poco de la fraseología del pasaje en sí mismo. Si mi resumen del pasaje en una sola frase sencilla dice: "La justificación por medio de la fe en Cristo resulta en una vida de paz y confianza", y si sigo hasta cierto punto el proceso de modificación, según Perry, o la "idea que debe ser explicada" de acuerdo con Robinson, tal vez arribaría a algo así como lo siguiente:

El hecho de haber sido puesto en una relación correcta
con Dios por medio de Cristo resulta en una vida de paz
y confianza, tal como muchas personas suspiran por tener.
1. Tenemos paz con Dios.
2. Tenemos gozo porque nuestra esperanza está centrada en la gloria de Dios.
3. Podemos inclusive tener gozo en los sufrimientos.
4. Nunca seremos decepcionados por una esperanza perdida.

Se verá que en lo que precede he comenzado a modificar ligeramente el lenguaje bíblico, para empezar una transición hacia el idioma y las circunstancias contemporáneas. El bosquejo es fiel al texto, claro y comprensible en cualquier traducción, compatible con la función y meta del pasaje, y dinámico. Es decir, se mueve de una declaración acerca de nuestra presente relación con Dios (paz) a una promesa del futuro (esperanza), luego a una experiencia universal (sufrimiento), y finalmente a la resolución de un temor común (esperanzas fallidas). Se mueve de la teología a la aplicación.

Ahora que ya tengo un bosquejo tentativo, procedo a estudiar más del texto, buscando *ideas clave* que deben ser incluidas si quiero dar una exposición fiel. Al anotar el pasaje de la forma en que lo hicimos en el análisis anterior, fácilmente podemos identificar las palabras que se repiten, ligadas por su ocurrencia en un modelo sintáctico, o relacionadas semánticamente. Ante todo, noto que la palabra "gloriarnos" ocurre en los versículos 2, 3 y 11. Este estado de ánimo de regocijo debe estar presente en forma destacada en mi presentación. Observo que hay varias frases iniciales preposicionales significativas: "con Dios" (v. 1), "por nuestro Señor Jesucristo" (v. 1), y "por quien" (v. 2). Estas tienen un cercano equivalente en el versículo 11: "en Dios", "por el Señor nuestro Jesucristo" y "por quien". Tales frases me guían a observar que cualquier presentación de este pasaje debe mostrar que las bendiciones de la justificación se reciben sólo en asociación íntima con Dios. Otras frases del pasaje también destacan esto, por ejemplo, en el versículo 5: "por el Espíritu Santo". Palabras que tienen que ver con la vida y la muerte (incluyendo la palabra "sangre" del versículo 9) aparecen frecuentemente en los versículos 6 al 10. Palabras que describen a la persona antes de la experiencia cristiana también son poderosas: "débiles" (v. 6), "impíos" (v. 6), "pecadores" (v. 8) y "enemigos" (v. 10). La doble aparición de las palabras "tribulación", "paciencia", "prueba" y "esperanza" (vv. 3-5) llama la atención a la secuencia del pensamiento en este punto.

Toda esta información también me muestra lo que la *información auxiliar* es con respecto a las afirmaciones principales de los versículos 1 al 5. El análisis de cláusula también nos ayuda a ver exactamente cuáles verdades respaldan las afirmaciones principales. Por ejemplo, el cuarto punto ("Nunca seremos decepcionados por una esperanza perdida") es respaldado por el hecho de que "el amor de Dios ha sido derramado en nuestros corazones por el Espíritu Santo" (v. 5). Esto a su vez recibe apoyo por el hecho de que Cristo murió por nosotros, no porque nosotros hayamos sido dignos de ser amados, sino incluso cuando todavía éramos hostiles (vv. 6-8). Esto da confianza a nuestra esperanza. Además, los versículos 9 y 10 proporcionan respaldo adicional al mostrar que lo que Dios ha hecho por nosotros en el pasado es tan grande que podemos saber a ciencia cierta, sin ninguna duda, lo que El hará en el futuro. Las afirmaciones de los versículos 1 al 5 reciben de esta manera el respaldo del resto del pasaje. El versículo 11 proporciona una declaración adicional y una recapitulación en palabras similares a las del versículo 1.

Habiendo establecido una secuencia legítima de pensamiento, basada en la gramática del pasaje, y habiendo determinado cuáles otros hechos y datos auxiliares deben ser incluidos, nuestro próximo paso es considerar el *"color"* emocional de este texto. ¿Hay alguna emoción dominante que se puede observar en el escritor, o que el escritor desea producir obviamente en el lector? En este caso los sentimientos del escritor pueden verse que afloran y casi dominan todo el pasaje. El aire de *seguridad* o *certidumbre* que caracteriza estos versículos no debe dejarse fuera del sermón. Pablo desea que sus lectores reconozcan los beneficios de la justificación, que sean fortalecidos en la certidumbre mediante aquel reconocimiento, y que eleven su corazón hacia Dios en respuesta al mismo (nótese el versículo 11).

Mi siguiente paso es ver qué *trayectorias* son comprensibles en el pasaje. Me refiero a los temas, estados de ánimo, doctrinas, imperativos y cosas similares que no sólo están presentes en el pasaje en sí mismo, sino que se mueven por todo el contexto más amplio que precede y que viene a continuación del pasaje, y quizá a través de todo el libro. Uno de ellos es la idea de la justificación por la fe. Otro es el significado de la muerte de Cristo. Hay otros, incluso el del sufrimiento y el de la esperanza, que pueden notarse otra vez en el capítulo 8. Es de especial importancia observar tales trayectorias si es que vamos a predicar a través de todo el libro. Si este es en realidad parte de una serie de sermones expositivos, cada uno de los temas principales debe ser explicado en algún punto de la serie. Cuando tal es el caso, el tratamiento de ese tema puede exigir que se tome una porción proporcionalmente más grande en el sermón que el que exigiría por su ocurrencia en el pasaje que se tiene entre manos. Tal desproporción temporal, sin embargo, será equilibrada en el curso de la serie de sermones.

En el sermón que se ha bosquejado más arriba, cada uno de los cuatro puntos requerirá que se aplique específicamente a la vida de los oyentes individuales. Cada tema ("paz", "esperanza" y los demás) necesitará ser explicado, ilustrado y ligado a la vida diaria. De esta manera la función del pasaje en su ambiente original será su función en la situación de la vida de la congregación.

Sermón número dos

Lo anterior ilustra la manera más natural de predicar a partir de Romanos 5:11. No obstante, todo el procedimiento puede en realidad ser invertido. Supóngase que tomamos como punto de partida no las cláusulas principales, sino la información auxiliar que se halla en los versículos 6 al 10, elaborando en forma lógica de causa a efecto. Yo escogería este bosquejo "inverso" si mi mensaje fuera a ser predicado a un auditorio que tal vez no tenga un trasfondo evangélico o fuertemente doctrinal. Sería apropiado para un mensaje de evangelización. En este caso, el contenido esencial e incluso el tipo del proceso del sermón podría ser el mismo como en el ejemplo previo. Mi bosquejo podría ser como sigue:

¿Cómo puedo tener una paz, un gozo y una esperanza que trascienda el sufrimiento y la incertidumbre humana?
1. Reconocer el estado en que nos hallamos cuando estamos separados de Cristo.
   a. Débiles (imposibilitados) (v. 6)
   b. Impíos (v. 6)
   c. Pecadores (v. 8)
   d. Enemigos (v. 10).
2. Reconocer lo que Dios ha hecho por nosotros.
   a. Su Hijo murió por nosotros (v. 10)
   b. Su Hijo vive por nosotros (v. 10)
3. Recibir el amor de Dios expresado en la muerte de Cristo (v. 8) y ofrecido por medio del Espíritu Santo (v. 5).
4. Creer en el Señor, y así ser "justificado" (v. 1) y "reconciliado" (v. 11).
5. Reposar en la paz de Dios, y disfrutar con El (vv. 1-5, 11)

No será necesario entrar en tanto detalle como lo hicimos en el análisis del primer sermón. La propiedad de este bosquejo debe caer por su propio peso. Ambos sermones de ejemplo sobre Romanos 5 serán expositivos. Ambos se basan en los elementos que se hallan en el texto y en su relación lógica entre sí.

Ejemplos de Mateo 6

Los dos bosquejos precedentes se basaron en un análisis de las cláusulas y frases, con un uso sólo secundario de los modelos verbales. Los siguientes ejemplos se basan *primordialmente* en tales modelos.

Mateo 6:1-18 va ⇌ lo general a lo particular. Se indica una generalización al inicio del pasaje: "Guardaos de hacer vuestra justicia delante de los hombres, para ser vistos de ellos." Los particulares son presentados luego por la frase que se repite: "Cuando. . ." es decir: "Cuando, pues, des limosna" (v. 2), "Cuando ores" (v. 5), y "Cuando ayunéis" (v. 16).

No obstante, no sugeriría que se usen estos tres como los puntos principales del sermón sin modificarlos en algo. La razón es doble. Primero, los tres ejemplos que da Jesús no son típicos actualmente. La gente de nuestra cultura no hace ostentación de dar ofrendas, ni de orar, ni de ayunar como lo hacían en los tiempos de Jesucristo. Segundo, en el pasaje mismo, la sección sobre la oración incluye la oración modelo, que sobrepasa en mucho a los ejemplos y enseñanzas de las otras secciones. Por consiguiente, sugeriría usar uno de los siguientes: (1) Usar los tres ejemplos antiguos como una introducción para un sermón que contenga ejemplos relevantes de la vida contemporánea. El tema del sermón podría ser: "La ostentación en la religión; antiguamente y ahora." Los tres ejemplos de Mateo 6 podrían constituir el primer punto del sermón; con ejemplos modernos en los otros puntos. (2) Usar los tres ejemplos de Mateo como la introducción para cada parte del sermón, pero usando subdivisiones contemporáneas. Por ejemplo, el tema podría ser: "La religión no es para ostentación." Las principales subdivisiones podrían ser "ostentación de generosidad" (de "Cuando des limosna"), "ostentación de piedad" (de "Cuando ores"), y "ostentación de autodisciplina" (de "Cuando ayunéis"). (3) Usar los tres ejemplos de Mateo para establecer el ambiente bíblico para un sermón sobre la oración modelo.

La siguiente sección principal de Mateo 6 empieza con una prohibición: "No os hagáis tesoros en la tierra" (v. 19). Esta es la primera de tres prohibiciones. Las otras son: "No os afanéis" (v. 25) y "No juzguéis" (7:1). A estas, a su vez, siguen tres mandamientos positivos, el primero de los cuales es en sí mismo un mandamiento triple: "Pedid, buscad, llamad" (v. 7), "Entrad" (v. 13), y "Guardaos" (v. 15). Este modelo es más obvio en el griego (debido a las formas gramaticales similares) pero también puede ser fácilmente indicado en la versión castellana de la Biblia. Tales modelos nos ayudan a predicar sobre el sermón del monte, el cual es más bien difícil de bosquejar para el público actual.

Otra manera de estructurar un sermón sobre el sermón del monte, al observar los modelos, es notar las tres referencias a los gentiles que contiene el discurso: "¿No hacen también así los gentiles?" (5:47); "No uséis vanas repeticiones, como los gentiles" (6:7); y "Porque los gentiles buscan todas estas cosas" (6:32). La primera tiene que ver con las relaciones con otras personas, la segunda con la

relación con Dios (en oración) y la tercera con las relaciones en
cuanto a las posesiones materiales. Una buena parte del sermón del
monte puede enseñarse bajo estos tres temas, quizá bajo el título
"Cómo vivir como un gentil."

Capítulo nueve

La predicación a partir de textos difíciles

Un simple vistazo a los temas cubiertos en esta sección mostrará que los textos pueden ser "difíciles" por diferentes razones. Aun cuando no los he puesto en categorías, pueden ser agrupados bajo varias divisiones. Algunos son difíciles debido a su forma literaria. Las parábolas y los proverbios, por ejemplo, son muy diferentes de la narración directa o de las declaraciones expresadas en forma de proposición. En el caso de las parábolas, necesitamos trabajar con extremo cuidado, a fin de analizarlas apropiadamente sin permitir que su mensaje vital expire en el proceso de desmembramiento. Otros textos que son más directos también son difíciles de predicar debido a que su interpretación es incierta.

Hay una dificultad totalmente diferente cuando el pasaje en sí mismo es muy claro, pero toca temas delicados o controversiales. Podemos decir que el problema aquí no está en el texto sino en la manera en que la congregación pudiera reaccionar al mismo. Aquí las cualidades de buen juicio del predicador, su corazón comprensivo y su amor cristiano son tan importantes como su talento exegético.

Otra categoría más es la que incluye textos que pueden ser relativamente claros para el exégeta, y cuyo mensaje será rápidamente aceptado por la congregación, pero que tiene complejidades inherentes que hacen difícil la explicación. Entre éstos incluiría los textos que involucran cuestiones críticas. En tales casos el predicador tiene que decidir cuánta información técnica debe incluirse en el sermón. Cuanto mayor sea la capacidad y erudición del predicador tanto más concienzudo probablemente será en su deseo de incluir información relevante. Hay ocasiones, sin embargo, cuando la simplicidad es una virtud mayor que la sobreabundancia de erudición Una vez fui a escuchar a un muy conocido conferenciante bíblico para ver cuánto podía aprender acerca de su estilo de predicar. Para decirlo de otra manera (y para ser dolorosamente franco), ¡quería ver por qué a él lo invitaban a muchas más conferencias que a mí!

Me quedé pasmado al escucharle dar una interpretación de cierto pasaje sin siquiera dar indicios de que hubiera otra interpretación común (y quizá más válida) del pasaje. Lo que aprendí fue que la gente que asiste a esas conferencias, y probablemente la mayoría de las congregaciones, quieren oír una exposición clara, nada complicada, que les deje con la certeza de que han entendido el pasaje y su aplicación. El mismo sermón, predicado a un grupo de seminaristas o de estudiantes universitarios, hubiera sido un fracaso, y probablemente hubiera despertado sospechas en cuanto a la erudición del predicador. Más adelante sugeriré una "mejor manera" de tratar pasajes complejos o controversiales.

Es básico, no sólo para la consideración de pasajes "difíciles" sino también para la hermenéutica y para la preparación de sermones en general, que reconozcamos las diferencias de género *literario* en la Biblia. La interpretación de un pasaje debe ser compatible con la naturaleza de la literatura que se considera. La parábola, la literatura apocalíptica y la poesía (para nombrar solo tres ejemplos obvios) tienen ciertas características inherentes a su género. El estudio del género literario cae fuera del alcance de este libro, pero es preliminar en la homilética. Sugiero que lea *The Genre of New Testament Literature and Biblical Hermeneutics* (El género de la literatura del Nuevo Testamento y la hermenéutica bíblica) por Gordon Fee, en el libro *Interpreting the Word of God* (Interpretando la Palabra de Dios), editado por S. J. Schultz y M. A. Inch.[34]

Parábolas

La fuerza misma de la parábola, su apelación a lo familiar, es un problema cuando se transfiere la historia de una cultura a otra. El predicador que conoce la cultura de la Palestina del primer siglo estará en mejor posición para predicar sobre las parábolas. Sin embargo, lo contrario puede ser cierto si se olvida que su congregación no tiene la misma familiaridad que él tiene con el trasfondo. Si la congregación permanece en la oscuridad en este respecto, lo que prometía ser un viaje "de lo desconocido a lo conocido" se convertirá en un andar tanteando a ciegas en la oscuridad. Además, la claridad y el "punto clave" que los oyentes originales percibieron en la parábola a menudo se pierde en nuestra lucha por determinar cuál es su punto real

El predicador será disculpado si encuentra confusos los recientes estudios sobre las parábolas. Si ha leído algunas de las mejores obras más conocidas sobre las parábolas, escritas en el siglo diecinueve o basadas en la literatura del siglo diecinueve, estará familiarizado con lo que se conoce como la "alegorización" de las parábolas. Pensará que la manera espiritual de predicar a partir de una parábola es hallar un significado espiritual para cada personaje, elemento o acontecimiento. Si el conocimiento que uno tiene de la interpretación de las parábolas fue adquirido de los escritores que siguieron la reacción de Jülicher contra la alegorización, procurará encontrar un solo punto principal en cada parábola. Puede ser sorprendente notar que estudios más recientes de las parábolas las ven como una forma de arte, con muchos puntos de correspondencia a la vida. Esto no es lo mismo que la alegorización, porque procura entender la historia en todo su vívido color, y con todas las asociaciones mentales que el lector original tenía en mente, sin tratar de extraer una lección espiritual de cada detalle. Quienes han aprendido a interpretar las parábolas en una forma existencial procurarán alejarse del análisis crítico, y tratarán de permitir que la parábola hable al oyente en términos de sus propias circunstancias y entendimiento. Los predicadores que han podido mantenerse al día con los más recientes métodos de estudio de las parábolas probablemente estarán familiarizados con el estructuralismo y su intención de interpretar las parábolas en términos de actuantes, y en referencia a las ideas y valores preeminentes. Los que tienen conocimiento de los "dos horizontes" propuestos por Gadamer y otros, se darán cuenta de la gran dificultad que cualquiera — en una cultura tan distante de la del primer siglo como lo es la nuestra — tiene para entender el mundo de las costumbres, forma de pensar y los valores de las personas que escucharon y entendieron las parábolas de Jesús.

Para ilustrar el problema que tenemos al acercarnos a la parábola judía del primer siglo, podemos considerar la simple historia que Jesús relató en cuanto al fariseo y al publicano. Se nos ha condicionado a pensar en los fariseos como si hubieran sido hipócritas orgullosos. Similarmente hemos leído en los evangelios de la bondad de nuestro Señor hacia los publicanos penitentes, y por lo tanto, tenemos la tendencia de tener nosotros mismos cierta simpatía hacia ellos. Incluso antes de leer las palabras de la oración del fariseo, ya estamos condicionados a interpretarlas negativamente. Luego escuchamos con gesto de aprobación la oración penitencial del publicano. Pero la gente del primer siglo que escuchaba directamente a Jesús habría oído las dos oraciones en forma totalmente diferente. Para ellos, en tanto que algunos fariseos eran en realidad conocidos por su orgullo e hipocresía, la mayoría de ellos eran altamente respetados y vistos como personas que mantenían una alta norma de piedad y fidelidad hacia la ley de Dios. Los publicanos, por otro lado, eran menospreciados y vistos como codiciosos, avaros y vendidos a Roma. El rechazo del primero y la aceptación del segundo les vendría como sorpresa a los que oían originalmente la historia.

Es obvio que cuanto más conozcamos del trasfondo cultural de las parábolas, tanto más capaces seremos de relacionarlas apropiadamente a la congregación moderna. Además, los principios básicos de hermenéutica que hemos aprendido en el seminario deben aplicarse cuidadosamente a la parábola. El contexto debe tomarse en cuenta. ¿Qué circunstancias o diálogo preceden a la parábola? ¿Hay algún tema o algún punto que Jesús procura recalcar, con el cual la parábola debe estar conectada si va a ser entendida en el contexto debido? ¿Cuáles comentarios vienen luego, sea de Jesús o del escritor del evangelio? La aplicación con que concluye ¿aclara el significado de la parábola? Dentro de la historia misma ¿hay algún clímax que hace impacto? Es decir, ¿hay algo que es tan obvio que atraería naturalmente la atención del oyente original? Es naturaleza de la levadura afectar la masa entera. Por consiguiente, en la parábola de la levadura, no hay duda alguna en cuanto a cuál es la idea dominante. El problema de interpretación tiene que ver con que si la levadura que leuda toda la masa debe ser entendida como buena o mala en su naturaleza. En contraste, hay ocasiones en que el oyente original hubiera visto que su atención era atraída hacia algo que era totalmente inesperado o estaba fuera de lugar. La reacción del hermano mayor en la historia del hijo pródigo es un ejemplo de esto. Para decirlo de otra manera, necesitamos encontrar dónde estaba el impacto original de la parábola.

Cuando hayamos hecho todo esto, tenemos que recordar que la fuerza de las parábolas de Jesús reside en atraer al oyente a la historia en sí misma, hacerlo que tome una decisión moral o ética en cuanto a las circunstancias, y luego conducirlo a aplicar esa decisión a sí mismo. Así como David reaccionó en cólera justa en contra del hombre que robó una ovejita del hombre pobre, sólo para escuchar que el profeta Natán le decía: "¡Tú eres aquel hombre!", nosotros somos conducidos dentro de la historia y nos encontramos "atrapados" nosotros mismos en ella. El desafío que enfrenta el predicador es llevar a la congregación a involucrarse en la situación de la vida de la parábola tan completamente hasta el punto de identificarse con las cuestiones morales y éticas involucradas, tomar entonces una decisión con respecto a ellas, y luego aplicar tal decisión apropiadamente a su propia vida.[35]

Otras figuras de dicción

Debido a que la mayoría de las figuras del lenguaje son breves, y probablemente no constituyen un sermón expositivo, como lo sería una parábola, no necesitamos entrar en mucho detalle. Para poder interpretar tales figuras apropiadamente, es aconsejable consultar algún libro de hermenéutica que hable en cuanto a ellas. Tal tratamiento puede hallarse en *Interpreting the Bible* (Interpretando la Biblia) de A. Berkeley Mickelsen.[36] Será bueno revisar tal sección en forma ocasional, de modo de mantenernos alerta para reconocer las figuras que aparecen inesperadamente en el texto que tenemos delante. Además, al preparar un sermón, sería bueno consultar el Indice de Escrituras al final del libro de Mickelsen, para asegurarnos de que hemos reconocido cualquier cuestión en cuanto a figuras de dicción y otros asuntos relacionados. También debe consultarse los comentarios exegéticos, como un auxiliar para reconocer e interpretar las figuras de dicción. Los comentarios a veces usan el nombre técnico de las figuras retóricas, sin dar ninguna explicación. Por consiguiente, es bueno tener a mano un libro como *Handbook of Biblical Criticism* (Manual de crítica bíblica) de Richard Soulen, que provee una explicación de estos y otros términos literarios.[37]

Narraciones

Pudiera parecer que las narraciones o relatos no son "difíciles" y por lo tanto no deberían tener lugar en esta sección. Es verdad que, en comparación con las parábolas, las narraciones son directas. Sin embargo, hay ciertas dificultades que pueden incluso ser más serias porque no son tan obvias. Considérese las siguientes posibilidades: (1) la congregación tal vez no esté familiarizada con el contexto más amplio, (2) la congregación tal vez no este familiarizada con el ambiente (cultural, histórico o geográfico), (3) el relato puede ser difícil de seguir, (4) la narración puede contener algún elemento milagroso, (5) la narración puede parecer que no tiene una "moraleja" y que sea difícil aplicarla en un sermón, (6) puede ser difícil saber lo que es normativo y lo que no lo es, un problema especialmente presente en el libro de Hechos, (7) en los evangelios puede haber algunos problemas en cuanto lo que parece ser discrepancias entre los evangelios sinópticos.

Mencionar tales dificultades es suficiente para estimularnos a darles atención. Si, por ejemplo, tenemos en mente que la congregación tal vez no está familiarizada con el contexto más amplio, tendremos cuidado para determinar cuánto del contexto que precede a la narración necesita ser explicado o, si nos hallamos en una serie, repetido. Con respecto al trasfondo de las narraciones, ya hemos tratado de la importancia de ayudar a la congregación a imaginarse a sí misma involucrada en la situación de la vida de la historia. Una cuidadosa atención a la estructura del discurso, como ya se ha indicado, ayudará a la congregación a seguir el relato. Otras cuestiones más específicas se tratan más adelante.[38]

Relatos de milagros

La dificultad con los relatos de los milagros reside en dos áreas: la apologética y la aplicación. No está dentro del alcance de esta obra discutir acerca del aspecto filosófico o científico de lo milagroso. Lo que es importante es que tengamos la suficiente sabiduría como para saber cuándo introducir tales cuestiones en un sermón. Alguna defensa apologética de las narraciones de los milagros es útil para cualquier congregación. Esto es verdad, por supuesto, especialmente para jóvenes y estudiantes de universidad. Demasiado énfasis, sin embargo, no sólo puede menoscabar el objetivo del sermón sino que también puede hacer que la congregación se detenga demasiado en los problemas. Esto puede despertar dudas que anteriormente no molestaban al oyente.

El asunto de la aplicación debe ser una preocupación aun mayor para el predicador. Veo aquí dos problemas relacionados entre sí. Uno es que puede entender mal el propósito por el cual Jesús efectuó los milagros, y por el cual continúan en el libro de Hechos. El segundo problema es la significación espiritual que atribuimos a los milagros actuales. Por largo tiempo se ha dado por sentado que los milagros fueron por naturaleza básicamente evidencias. El hecho de que el Evangelio según San Juan indique una serie de "señales" o milagros que apuntan hacia la divinidad del Hijo Jesucristo tal vez ha guiado a muchos a dar por sentado que los milagros que se registran en los evangelios sinópticos siempre sirvieron al mismo propósito. Es verdad que la identidad y la autoridad de Jesucristo fue afirmada por sus milagros. Jesús dijo esto claramente en Marcos 2:10, 11: "Pues para que sepáis que el Hijo del hombre tiene potestad en la tierra para perdonar pecados (dijo al paralítico): A ti te digo: Levántate, toma tu lecho, y vete a tu casa."

Pero Jesús realizó milagros también por otras razones. Los evangelios señalan claramente que los milagros de sanidad y de alimentación que realizó Jesús (los relatos de la alimentación de los cinco mil) fueron actos de compasión. Los milagros de Jesús fueron también expresiones del poder del reino. A los fariseos dijo: "Ha llegado a vosotros el reino de Dios" (Mateo 12:28). Esta clase de milagro era parte de la guerra permanente de Jesús contra Satanás y sus huestes. Cuando los setenta discípulos retornaron de su misión con el informe: "Señor, aun los demonios se nos sujetan en tu nombre", Jesús replicó: "Yo veía a Satanás caer del cielo como un rayo" (Lucas 10:17, 18). Presumiblemente los milagros realizados en el libro de Hechos fueron realizados con los mismos propósitos que los que fueron realizados por Jesús. Uno de los aspectos de estos es recalcado por el escritor de Hebreos: "Testificando Dios juntamente con ellos, con señales y prodigios y diversos milagros y repartimientos del Espíritu Santo según su voluntad" (Hebreos 2:4).

Por lo tanto, el expositor que predica sobre un relato de un milagro debe asegurarse de que tanto él como su congregación entienden el propósito para el cual fue realizado el milagro en particular que está bajo consideración. Por supuesto, tal vez haya involucrado más de un propósito, pero por lo general uno solo es predominante. La meta del sermón debe estar relacionada a la función del milagro que se relata en el pasaje en que se basa el sermón.

La segunda dificultad que presuponen las historias de los milagros es la tendencia de muchos predicadores para "alegorizar" o "espiritualizar" los milagros. En este caso, tanto como en el anterior, debemos empezar con una referencia al Evangelio según Juan. En este evangelio los milagros tienen la tendencia de tener un significado simbólico. Esto es particularmente claro con respecto a la curación del ciego en Juan 9. En tal caso Juan registra un diálogo de conclusión entre Jesús y los fariseos, acerca de la ceguera espiritual, que hace inequívocamente claro lo que estamos diciendo. Sin embargo, esto no da al predicador licencia para "espiritualizar" todos los milagros de sanidad. Resulta extraño que un predicador que defiende la historicidad de la Biblia y critica a quienes creen que pueden encontrar la verdad en las Escrituras incluso aun cuando consideran erróneos y de menor importancia los aspectos históricos, puede por sí mismo tratar de aplicar en un tenor espiritual una historia de un milagro, al mismo tiempo que ignora por completo el contexto histórico, la función y el propósito del texto. La misma desafortunada paradoja se halla a menudo en quienes enfatizan la tipología.

Obsérvese el contexto histórico; la secuencia del pensamiento, el diálogo y la acción; y las frases que son dichas inmediatamente después del milagro. Podemos ver un ejemplo en Marcos 4:35-41. Este es el milagro del apaciguamiento de la tormenta. En tanto que es verdad que Jesucristo puede también calmar todas las tormentas de nuestra vida, tal aplicación tomada aisladamente reduce la fuerza del hecho histórico de que Jesucristo en realidad calmó las feroces fuerzas de la naturaleza. También puede ignorar el clímax de la historia que se halla no en el milagro sino en la respuesta de los discípulos: "Entonces temieron con gran temor, y se decían el uno al otro: ¿Quién es éste, que aun el viento y el mar le obedecen?" El punto de la historia es enfocar la atención sobre el poder sobrenatural de Jesucristo, y finalmente sobre el asunto de su identidad. Es interesante pensar que un predicador que defiende a capa y espada la doctrina de la deidad de Cristo puede fallar al no dar precisamente a esa misma doctrina su lugar apropiado en esta parábola. Concentrarse en la supuesta aplicación espiritual a las tormentas de nuestra vida puede resultar en una reducción consecuente del poderoso mensaje cristológico que contiene.

Pasajes oscuros

Si fuéramos a tratar en detalles los pasajes oscuros, este libro se convertiría en un comentario. Limitaremos nuestra consideración a algunos procedimientos para tratar tales textos. Es fundamental que usemos buenos comentarios exegéticos recientes, y que sigamos sólidos principios de hermenéutica. El predicador que tiene a su alcance *New Testament Abstracts* (Resúmenes del Nuevo Testamento) y algunas de las revistas a las cuales hace referencia podrá enterarse de los más recientes estudios sobre esos textos. Los pasajes pueden ser oscuros por muchas razones. Pueden tener palabras que aparecen con muy poca frecuencia, o tal vez sólo una vez, en el Nuevo Testamento. Tal vez se encuentren igualmente sólo rara vez en otra literatura. Puede haber dificultades gramaticales. Algunos versículos parecen no seguir el flujo natural del contexto precedente. En tales casos el predicador necesita "hacer su tarea" antes de aventurarse al púlpito para ofrecer una interpretación que puede afectar la vida de centenares de personas.

Cuando halla que incluso después de estudiar el significado todavía le resulta oscuro, o cuando halla que hay varias y diferentes interpretaciones del texto, enfrenta aun otro problema. ¿Debería explicar su dilema a su congregación? Pienso que debería hacerlo, en la mayoría de los casos, pero con mucho cuidado. Si la congregación escucha con frecuencia que el significado de un texto no es muy claro, puede ver vacilar su confianza en las Escrituras o, por lo menos, puede despertar dudas en cuanto a su propia capacidad para entender la Biblia. El predicador puede pensar que ha hecho un buen trabajo de exégesis y exposición, y hasta incluso que ha logrado agrandar su estatura como autoridad en asuntos bíblicos, pero habrá arruinado su propósito de estimular a la congregación para que estudie por sí misma la Palabra de Dios.

A mi juicio la mejor manera de tratar pasajes oscuros es, en primer lugar, decidir si la dificultad del pasaje es evidente a ojos de la congregación, o suficientemente seria con respecto a la interpretación de todo un pasaje, como para que exija que se la reconozca como tal en un sermón. En segundo lugar, si lo es, sugeriría que se haga una breve explicación del por qué el texto es oscuro. Por ejemplo, el predicador puede simplemente decir que las diferencias de cultura y lenguaje, o quizá la rareza de una palabra, hacen difícil que nosotros, en nuestra cultura y en nuestro siglo, podamos entenderlo perfectamente. Debe hacer esto de tal manera que evite cualquier implicación de que la Biblia es difícil de entender y muestre que, si tuviéramos toda la información que tuvieron los oyentes originales, probablemente no tendríamos dificultad alguna. En tercer lugar, el predicador debe seleccionar el significado más probable, según lo entiende, y presentarlo afirmativamente, en lugar de ofrecer dos o tres opiniones por igual. Debe ser honrado y reconocer otras interpretaciones, pero probablemente ayudará a la congregación si se decide por una de ellas, y le da coherencia a todo el pasaje. En cuarto lugar, probablemente no deberá llevar a la congregación a través del proceso de exégesis, a menos que éste fuera un muy claro y útil modelo de estudio bíblico. En su totalidad, cuanto más simple sea la presentación, tanto mejor.

Pasajes con dificultades textuales

Mis sugerencias en cuanto a pasajes oscuros se aplica casi al detalle a pasajes que tienen dificultades de integridad textual. Sin embargo, hay aquí un peligro aún más grande. Una persona que se entera de que su Biblia tal vez no contenga exactamente lo que el escritor original escribió puede tropezar seriamente en cuanto a su fe en las Escrituras. Incluso aun cuando el predicador pueda haber explicado alguna vez cómo fue que ciertos errores se introdujeron en el texto, y cómo es que la integridad de los originales jamás ha sido afectada, siempre hay la posibilidad de que algunos de quienes escuchan su sermón no hayan escuchado la explicación previa.

A menos que la versión de la Biblia que usa la congregación sea diferente de la del predicador, o que tenga alguna nota que indique alguna variante textual, es mejor no mencionar la incertidumbre en cuanto al texto. Si se considera necesario, yo animaría a que el predicador afirme, cada vez que esto ocurra, que eso no afecta la integridad del texto original, y que ninguna doctrina queda privada del respaldo necesario si acaso cierta terminología favorita debe abandonarse por seguir una traducción más apropiada. Esto no significa, como uno a veces escucha, que ninguna doctrina resulta afectada por las variantes textuales. Decir tal cosa no sería verdad. Más bien, cualquier afirmación doctrinal en las Escrituras que es afectada por las variantes textuales está respaldada adecuadamente por otros pasajes.

Refranes y proverbios

Como toda figura del lenguaje, los refranes y proverbios deben ser reconocidos antes de poder ser interpretados. Un conocimiento de hermenéutica y el uso de un buen comentario exegético es muy importante en esto. Además, debemos reconocer que un refrán puede ser citado en las Escrituras a modo de ilustración, sin que haya ninguna implicación de que deba ser tomado como una verdad universal. Todos sabemos que hay refranes que pueden ser usados para contradecir otros. "El amor se agranda con la distancia" parece contradecir a "Ojos que no ven, corazón que no siente." Sin embargo, también sabemos que hay un elemento de verdad en cada uno de ellos. Pero son para ser usados como ilustraciones, no en forma absoluta. Cuando Jesús dice: "El que no es contra nosotros, por nosotros es" (Marcos 9:40), no está declarando una verdad universal. Está hablando acerca de algunos que lo seguían y servían pero que en realidad no constaban en el grupo de discípulos. Vemos esto por el contexto de Marcos 9:38-41. Por lo tanto, no hay contradicción entre este texto y el de Lucas 11:23: "El que no es conmigo, contra mí es." En ese contexto Jesús está involucrado en la controversia en cuanto a Beelzebú. Los partidos están definidos, y cada persona tiene que tomar una decisión a favor o en contra de Cristo.

La inclusión de un refrán en un pasaje bíblico no debe tomarse tanto como un problema, sino como una oportunidad de ayudar a la congregación a ejercer sentido común en la interpretación bíblica. Tal vez los oyentes no tengan el auxilio de los recursos en comentarios y otros textos de estudio que el predicador tiene a su disposición, pero así y todo pueden aprender algo valioso por su propio estudio de la Biblia.

Textos con contenido cultural

Por varias razones estos son los textos más difíciles de usar para predicar. Hermenéuticamente debemos tener mucho cuidado para no presentar como absolutos ciertos aspectos culturales que forman parte del ambiente del pasaje, pero que son irrelevantes para la vida contemporánea, o, por otro lado, abandonar parte del mensaje esencial al intentar hacer una transición cultural. Muchas personas de nuestra congregación no son capaces de entender o aceptar el hecho de que hay que hacer ciertos ajustes al aplicar la Escritura en una cultura o en otra. Esto es particularmente difícil cuanto una iglesia sigue, como parte de su herencia, ciertas prácticas o creencias que tienen lazos estrechos con la cultura del mundo del Nuevo Testamento. Incluso la mención de tales asuntos, como por ejemplo, el lavamiento de pies o el papel de la mujer, tiende a producir reacciones casi involuntarias de parte de aquellos para quienes estas cosas son de extrema importancia.

La relevancia cultural no es simplemente un problema, sino un asunto significativo para el creyente cristiano. La cuestión es que la doctrina cristiana nunca ha estado, ni estará, totalmente separada de la vida humana. Si tenemos razón al afirmar que el cristianismo afecta todos los aspectos de la vida, debemos esperar que esto haya sido cierto incluso en las expresiones del primer siglo. Surge la dificultad cuando, como en el caso de algunos hermanos siameses, necesitamos decidir en qué punto se puede hacer una separación legítima y segura. Además, aumenta la dificultad cuando cierta práctica está conectada por el mismo escritor bíblico con hechos culturales como teológicos.

Un pasaje típico de esta naturaleza es 1 Corintios 11:3-16. La declaración del versículo 3 de que "Cristo es la cabeza de todo varón, y el varón es la cabeza de la mujer, y Dios la cabeza de Cristo" es claramente teológica; pero también exige un claro entendimiento de lo que la palabra "cabeza" significaba para Pablo y para los residentes de Corinto en el primer siglo. Mientras escribo estas líneas, los eruditos en el texto del Nuevo Testamento se hallan todavía examinando el uso en el idioma griego de tal palabra, tratando de hallar una respuesta. Cuando Pablo habla de la mujer con la cabeza "descubierta" (v. 5), y las formas en que ella "afrenta su cabeza" como si se hubiera "rapado", ¿a qué práctica se refiere? ¿Está él hablando del cabello peinado como en un moño (en contraste con dejarlo suelto, como una prostituta usualmente lo llevaría), o se refiere a algún otro artículo para cubrirse, aparte de su pelo? ¿Cómo se relaciona esto con la idea de "afrenta"? Cuando está hablando de que la cabeza ha sido "rapada", ¿se refiere a un símbolo vergonzoso de adulterio? ¿Por qué Pablo se concentra en el concepto de vergüenza? Luego avanza más para hablar de que es "vergonzoso" en el versículo 6 y en el versículo 14. Es obvio que los conceptos sociales del papel y apariencia de la mujer son parte inherente en este pasaje. Al mismo tiempo Pablo procede a usar términos teológicos tales como "imagen y gloria de Dios" (v. 7). El pasaje es complejo, y solamente una presentación dogmática encubriría tal hecho a ojos de la congregación.

Las cuestiones pastorales también son difíciles, en proporción similar a las de orden hermenéutico. Un problema viene con la tendencia de parte de los cristianos de sentir que cuando decimos que la Biblia es culturalmente *relevante*, estamos implicando que también es culturalmente *relativa*. O, que hablar de relatividad cultural implica que la Biblia cambia con la cultura. Lo que necesitamos afirmar es que la Biblia permanece constante en su verdad, pero que la cultura cambia. Hay una verdad teológica en 1 Corintios 11 que es constante, pero las actitudes hacia la mujer, y el significado cultural del vestido y de la apariencia personal de la mujer, cambian. El peinado de una mujer no tiene hoy día la significación que tenía hace varias décadas, cuando se empezó a usar el cabello corto, mucho menos la que tenía en el primer siglo en Corinto. Las modas de los sombreros cambian, y no significan hoy la sumisión de la mujer. Eso no quiere decir que el velo con que la mujer se cubría no tuviera importancia alguna en 1 Corintios 11. Por el contrario, debemos procurar diligentemente entender ese significado y hallar una expresión apropiada actual que explicará adecuadamente la verdad teológica de ese pasaje. Es necesario hacer esto con sensibilidad a la conciencia de la congregación y en obediencia a la Palabra revelada de Dios.

Pasajes controversiales

Algunos de los pasajes que estamos considerando en este capítulo son controversiales. Este es el caso de algunos de los pasajes oscuros, y de los que tienen connotaciones culturales especiales. Pero un pasaje puede ser incierto en su significado sin necesariamente ser controversial. Por controversial quiero decir que es susceptible a interpretaciones contrarias, cada una de las cuales es defendida a capa y espada por un sector de la iglesia cristiana. Un ejemplo obvio es Hebreos 6:1-8, junto con Hebreos 10:26-31. La enseñanza allí puede ser entendida como que respalda la posición arminiana, a cuyo entendimiento se oponen quienes favorecen la doctrina calvinista de la perseverancia de los santos. A menos que una congregación sea por entero de la tradición reformada, o wesleyana, es más que probable que algunos oyentes quedarán descontentos con la interpretación dada por el predicador. Entre otros ejemplos de pasajes controversiales podemos citar algunos versículos de Hechos 2 y de 1 Corintios 12 en cuanto a las lenguas, Romanos 9:11 en cuanto a la soberanía de Dios, 1 Tesalonicenses 4:13-15 y 2 Tesalonicenses 2:1-4 acerca del rapto y la tribulación, y Apocalipsis 20:1-10 en cuanto al milenio. No es oportuno que dé una interpretación de tales pasajes (¡alejaría a la mitad de mis lectores!), pero pueden ser beneficiosas algunas palabras en cuanto a cómo manejar tales textos. Debemos procurar la "claridad con amor". El pasaje puede ser explicado claramente y en forma coherente de acuerdo con el entendimiento del predicador y con la tradición de la denominación. Interpretaciones alternas de algunas partes, o de todo el pasaje, pueden ser presentadas, con el reconocimiento de que muchos creyentes sostienen posiciones diferentes. El amor cristiano con que el predicador trate la interpretación alterna puede tener un efecto positivo para demostrar la unidad del cuerpo de Cristo. Al hacer esto puede atraer más bien que alejar a incrédulos que tal vez estén escuchándole. Todo el mundo sabe que la iglesia cristiana por siglos ha sostenido diversos puntos de vista en asuntos tales como el bautismo y la Cena del Señor. No hay razón para que la gente no quede expuesta a los diferentes puntos de vista en cuanto a la escatología, la soteriología y los dones carismáticos.

Una situación que, para bien o para mal, aumenta cada día es que hay estudiantes que se gradúan de seminarios evangélicos doctrinalmente pluralistas, y su mente está abierta a algunas de las cuestiones controversiales y a los textos relevantes. En tanto y en cuanto esto represente un deseo de ser fiel al texto antes que a una tradición denominacional, esto merece una felicitación. Sin embargo, si esto surge de la indecisión, o de una exégesis floja o superficial, entonces es peligroso. Hay un compromiso, sin embargo, que todos los predicadores, sean dogmáticos o indecisos, pueden hacer, y esto es comprometerse a la *función* de los textos en cuestión. Hebreos 6 tiene algunas afirmaciones que pueden predicarse con fervor y que pueden producir convicción en cuanto a la falsa profesión de fe, o a vacilar bajo la prueba, sea que el predicador tenga su doctrina definida o no. Primera a los Tesalonicenses 5 puede dar una advertencia al incrédulo en cuanto a la ira venidera, cualquiera que sea el punto de vista escatológico del predicador. Esto no quiere decir que las diferencias pueden ser pasadas por alto, o que deberían serlo. Sin embargo, el predicador que considera el contexto completo y el propósito del pasaje en el ambiente en que se desenvolvió, podrá predicar el pasaje en el poder del Espíritu Santo a fin de lograr el propósito para el que Dios lo llamó, incluso en medio de los que pudieran diferir con ciertos aspectos de su interpretación del texto.

Tipología

Este es un problema más de la exposición del Antiguo Testamento que de la del Nuevo. El que predica a partir del Antiguo Testamento necesitará una comprensión fundamental de la hermenéutica, así como de los diversos métodos de enfoque a la tipología. Necesitará decidir si adherirse rigurosamente al principio de no interpretar tipológicamente ningún pasaje que no es interpretado de tal manera en el Nuevo Testamento, o si adoptar un método más flexible de enfoque. El expositor del Nuevo Testamento tiene un problema diferente. Necesitará interpretar pasajes específicos que hacen referencia al Antiguo Testamento. Por su misma constancia en el Nuevo Testamento establecen cierta correspondencia con personas, sucesos o cosas del Antiguo. Algunos pasajes que vienen en seguida a la mente son: Mateo 12:39-41 en cuanto a Jonás, 1 Corintios 10:1-4 acerca de la pascua, y 1 Pedro 3:20, 21 acerca del bautismo y del arca de Noé. Un problema especial existe en Mateo, en aquellos lugares donde parece que usa citas del Antiguo Testamento en una forma tal que les da un significado completamente diferente al que tienen en el contexto original.

Un ejemplo es Mateo 2:15: "Para que se cumpliese lo dicho por el Señor por medio del profeta cuando dijo: De Egipto llamé a mi Hijo." La interpretación de este texto, que aplica al Niño Jesús lo que fue originalmente dicho en cuanto al pueblo de Israel, debe ser compatible con la intención expresada tanto en el pasaje original y en su contexto en Mateo. En este caso un estudio más profundo mostrará que Mateo se refiere, no al acontecimiento histórico en sí mismo, sino al comentario que fue dicho por el profeta Oseas. Israel era el "hijo" de Dios, en un sentido corporativo, y Jesús era el Hijo único y eterno de Dios. Este versículo es parte de un modelo más amplio en Mateo, por el cual Mateo muestra cierto número de paralelos entre la experiencia de Israel y la experiencia de Jesucristo. Sea que uno llame a esto tipología o no, el principio que debe gobernar al intérprete es el mismo: hay que mantener la integridad del significado contextual en el Antiguo Testamento, tanto como el del Nuevo. Las interpretaciones del Nuevo Testamento que separan los pasajes del Antiguo de su contexto histórico, ignorando los procesos de la verdad y de la obra de Dios en el contexto del Antiguo Testamento, están equivocadas, sin importar cuán "espirituales" puedan parecer.

Niveles múltiples de significado

Esta categoría tiene que ver particularmente con el Evangelio según San Juan, donde el autor mismo intenta presentar, algunas veces, dos ideas en un solo vocablo. En realidad, dos de las características de Juan se complementan la una a la otra. Una es el uso de sinónimos sin diferencia en el significado. Este es probablemente el caso en el famoso pasaje de Juan 21:15-17. Es bien conocido que el griego usa dos palabras diferentes para "amor". Muchos sermones han sido estructurados dando por sentado de que hay una diferencia muy significativa entre esas palabras, y que a Pedro le dolió cuando oyó que Jesús le hacía la misma pregunta por tercera vez, pero usando una palabra menos intensa para "amor". Sin embargo, dada la predilección de Juan por los sinónimos, es más probable que la razón para sentirse dolido fue que Jesús repitió la misma pregunta por tres veces, recordándole así a Pedro sus tres negaciones.

La otra característica, que es inversa a la primera, es el uso de una misma palabra pero con dos o más significados. Vemos esto muy claro en Juan 3:3-8, donde Jesús habla de "nacer de nuevo". La palabra griega *anothen* también significa "de arriba". Este significado, por supuesto, es muy diferente del diluido uso popular del término "nacido de nuevo" en los Estados Unidos durante los últimos años de la década de los setenta.

Otro ejemplo es el empleo de la palabra "ciego" en Juan 9:39-41, donde Jesús habla con los fariseos acerca de su ceguera espiritual, luego de haber curado al hombre ciego físicamente. Hay dos significados en "levantar" o "resucitar" que se hallan en la historia de la resurrección de Lázaro (Juan 11:17-26). De igual manera "levantar" puede referirse por igual al método de la crucifixión de Jesús, tanto como a su glorificación última (Juan 3:14; 8:28; 12:32, 34). En cada contexto es claro que la referencia básica es a la crucifixión. Sin embargo, es asombroso que la palabra que Juan usa (*jupsóo*) a menudo significa "exaltar". Esto se puede ver en Hechos 2:33 y en Filipenses 2:9 (en la forma de *juperupsóo*).

Un ejemplo de extrema importancia en cuanto a un doble nivel de significado se halla en el uso que Juan hace de la palabra *pisteúo*, "creer". Captar la distinción que hace Juan no sólo nos ayudará a entender ese evangelio, sino que también nos ayudará en nuestros esfuerzos actuales de evangelización. Debido a la importancia de tal palabra, a menudo se da por sentado que una persona que "cree" debe ser un verdadero hijo de Dios. Sin embargo, en Juan 2:23-25 leemos que muchas personas vieron las señales milagrosas que Jesús hizo en Jerusalén, y "creyeron en su nombre". El texto prosigue, sin embargo, e implica que esto no fue lo que se podría llamar una "fe que salva", porque dice que "Jesús mismo no se fiaba de ellos, porque conocía a todos". Esto es reforzado por las palabras que siguen: "No tenía necesidad de que nadie le diese testimonio del hombre, pues él sabía lo que había en el hombre." La palabra "hombre" llega a ser una palabra de transición al comienzo de lo que ahora se conoce como el capítulo 3: "Había un hombre de los fariseos que se llamaba Nicodemo. . ." Al parecer Juan está mostrando al final del capítulo 2 que creer en Jesucristo puede tener lugar también únicamente en un nivel superficial. Sólo Jesucristo sabe lo que hay en el corazón del "hombre". Nicodemo es el ejemplo primario de Juan de un "hombre" que respondió favorablemente a Jesucristo pero que todavía no había "nacido de nuevo".

Este uso de la palabra "creer" en dos niveles de significado ocurre nuevamente en Juan 8:27-41. "Hablando él de estas cosas, mucho creyeron en él" ("pusieron su fe en él"). La próxima frase es: "Dijo entonces Jesús a los judíos que habían creído en él: Si vosotros permaneciereis en mi palabra, seréis verdaderamente mis discípulos; y conoceréis la verdad, y la verdad os hará libres." La conversación que sigue revela que esta gente no "creyó" en Jesucristo en el nivel profundo de la fe que salva. En realidad, el próximo párrafo, los versículos 42-47, muestra claramente que ellos todavía pertenecían a su "padre el diablo". Hay una profunda necesidad hoy día de reconocer que una persona puede "creer" la verdad del evangelio de Cristo antes de que tenga lugar la verdadera regeneración por el Espíritu Santo. Fracasar en reconocer esto puede resultar en gran perjuicio, porque decimos que las personas ya se han convertido incluso antes de que el "fruto" verdadero demuestre que efectivamente han nacido de nuevo.

El expositor hallará que no es fácil explicar a la congregación los niveles múltiples de significado. Debe hacer esto de tal manera que no perturbe la idea que ellos tienen en cuanto a que las Escrituras son claras y directas. Hay que mostrar que esto es un método literario legítimo, y que tal uso es por lo general aclarado en el contexto.

Temas delicados

Tal vez esta categoría tiene menos justificación en un libro sobre sermones expositivos que la que tendría en un libro regular sobre homilética, porque atañe no tanto al texto cuanto a la situación pastoral. No obstante, es digna de ser mencionada. Cuando predicamos a través de toda la Biblia, llegamos inevitablemente a ciertos pasajes que tratan con asuntos que son difíciles de tratar en público. Hay ciertas frases en el Antiguo Testamento que son notorias por su cruda franqueza. Tal caso es raro en el Nuevo Testamento. Es aconsejable, sin embargo, estar alerta a las palabras, expresiones o doctrinas que pudieran caer de sorpresa o ser difíciles de aceptar. Un ejemplo de esto es el uso que Pablo hace del término *skúbala* en Filipenses 3:8. La palabra "basura" que emplea la versión Reina Valera es suficiente para presentar la idea; sin embargo, hay algunos predicadores que parecen deleitarse en aprovechar la oportunidad para usar lenguaje vulgar en este punto.

Otro tipo de cuestión delicada es la enseñanza bíblica en cuanto al infierno. Desafortunadamente muchos predicadores la evitan por completo. No obstante, abogo por una sensibilidad al hecho de que las descripciones del infierno en términos de fuego continuo son tan repulsivas para las personas que bien puede hacer que cierren por completo al evangelio su mente y sus oídos. Lo que se necesita es una explicación franca de lo que la Biblia realmente enseña. Se ha dicho muy bien que no debemos predicar sobre el infierno a menos que podamos hacerlo con lágrimas (por lo menos interiormente). Por supuesto, siempre hay cierta "ofensa" en algunos aspectos del evangelio. Pero semántica pobre y dramatismo flojo en el púlpito sólo puede hacer más grande aquella ofensa, al dar una idea de una parodia del infierno, y no de la verdad que Dios quiere imprimir en el corazón de la humanidad.

Hay también ciertas enseñanzas que son hiperbólicas por naturaleza, tales como el sacarse el ojo (Mateo 5:29), y que necesitan tratarse con cuidado, no sea que alguien pueda llegar a pensar que Jesús está literalmente aconsejando una automutilación, y eso haga que cierre su corazón al evangelio. De la misma manera, la enseñanza de Jesús en cuanto a hacerse uno mismo eunuco (Mateo 19:12), necesita ser tratada con delicadeza y con una explicación muy clara. Conozco a una persona que, tristemente, tomó esto literalmente, y lo hizo. Debemos ser sensibles a los pensamientos y sentimientos de la congregación.

Aparentes discrepancias en los evangelios

Las dificultades de esta clase serán más agudas para quienes estudian los evangelios en forma paralela que para quienes simplemente leen uno de ellos a la vez. También muchos, si acaso no la mayoría, de los cursos de los seminarios sobre los evangelios sinópticos, requieren que se estudie una "Sinopsis de los evangelios" (la cual compara los evangelios palabra por palabra), antes que una "armonía" de los mismos (la cual hace la comparación en unidades más grandes, por lo tanto haciendo que las diferencias verbales sean menos sobresalientes).

El predicador que ha observado las diferencias reveladas por un estudio sinóptico e incluso el que mediante el uso de una armonía ha observado las diferencias en el orden, tanto como las diferencias en los relatos, necesita recordar que el miembro promedio de la congregación probablemente no tiene ni idea de tales diferencias. Al mismo tiempo el predicador que ha luchado con las dificultades de los sinópticos hasta encontrar solución satisfactoria y, en el otro extremo, el predicador que nunca ha prestado atención a tales diferencias necesitan darse cuenta de que *tal vez* haya en la congregación algunos para quienes estas cosas sí constituyen un problema. Todo esto es para decir que requiere sensibilidad pastoral aparte de inteligencia. Las directrices que sugeriría son las siguientes: Las diferencias que son inconsecuentes con el propósito del sermón, y que sea improbable que constituyan un problema ya existente en la mente de la congregación, no deben entrometerse en el sermón. Las diferencias que son obvias o significativas tal vez requieran algún comentario. Por ejemplo, al predicar sobre el limpiamiento del templo, en el Evangelio según San Juan, el predicador bien pudiera decir: "Muchos de ustedes habrán leído en los otros evangelios el relato de un incidente similar al que tenemos delante. No hay certidumbre en cuanto a si fue un solo limpiamiento, o si hubo más de uno. En cualquier caso, es adecuado que Juan presente este incidente hacia el principio de su evangelio, porque. . . (refiérase a temas relevantes de la teología joanina). Muchos eruditos bíblicos piensan que en realidad fueron dos limpiamientos. Otros eruditos, sabiendo que los escritores de los evangelios algunas veces fueron guiados por el Espíritu Santo a seguir un orden diferente al cronológico, a causa del énfasis o agrupación de temas similares, creen que el Espíritu guió a Juan a colocar el limpiamiento del templo prominentemente al principio de su evangelio, y a los otros escritores a ponerlo hacia el final de los suyos. Si alguno de ustedes tuviera interés en tratar más profundamente este interesante aspecto del estudio de los evangelios, infórmemelo, y podemos ponernos de acuerdo para conversar sobre el asunto."

En algunas iglesias incluso esto puede causar problemas a algunos miembros de la congregación. En tal caso quizá sea mejor dar una exposición del limpiamiento del templo en su contexto, asegurándose de que los temas de la teología joanina queden presentados claramente. La razón para su inclusión en este punto de este evangelio puede explicarse sin referencia a que el incidente se halla hacia la conclusión de los evangelios sinópticos. Si uno de aquellos pasajes es el tema de un sermón en alguna ocasión futura, debe ser expuesto en forma similar con referencia a su propio contexto y significado.

Un problema diferente ocurre en el orden de los acontecimientos que sucedieron después de la entrada triunfal en Jerusalén. La secuencia dada por Mateo, en referencia al ministerio de Jesús en el templo, y la maldición de la higuera estéril, es diferente del orden dado por Marcos. De nada serviría hacer de esto un problema en el púlpito. Sin embargo, se podría decir algo como esto: "Algunos de ustedes habrán observado que Marcos parece seguir estrictamente cierto orden cronológico al registrar los acontecimientos en tanto que Mateo, de manera compatible con su enfoque temático, agrupa los sucesos en torno a las enseñanzas de Jesús, en forma separada a los que rodean la maldición de la higuera estéril. De esta manera el

Espíritu Santo nos ha dado dos perspectivas del mismo grupo de acontecimientos, una de carácter cronológico y la otra de carácter temático."

Un ejemplo adicional puede hallarse en la historia del siervo del centurión, en Mateo 8: 5-13 y Lucas 7:1-10. Parece que en Mateo el centurión fue personalmente a ver a Jesús, en tanto que en Lucas envía a sus criados. La perspectiva de Mateo es compatible con la costumbre de aquellos días, de recibir al emisario de un dignatario como si fuera el dignatario mismo. Esto tiene implicaciones también en cuanto al apostolado, y no sería extraño si Mateo estaba pensando en este sentido también. En Lucas, por otro lado, hay un gran énfasis en la conexión íntima entre el cristianismo y el judaísmo. Lucas muestra frecuentemente la unidad de espíritu entre los judíos piadosos y los gentiles piadosos, los cuales tendían a estar abiertos al mensaje de Jesucristo. Habría más que buenas razones para que Lucas diera detalles adicionales que mostrarían la piedad del centurión y el aprecio que demostraron hacia él los líderes judíos. El predicador tal vez piense que tal explicación no es apropiada para la congregación. En ciertas circunstancias, sin embargo, con ciertos grupos, tales explicaciones serán de ayuda para que la gente entienda la contribución de cada evangelio.

En resumen, por un lado el pastor no querrá introducir temas que pueden ser problemáticos o que son demasiado complejos como para resolverlos en el curso de un sermón. Incluso aun cuando no haya un complejo problema en las relaciones entre los evangelios sinópticos, tal vez no pueda dedicar tiempo incluso para mencionar tal cuestión, si lo que intenta es dar adecuado tratamiento a las enseñanzas principales del pasaje, así como a su aplicación práctica.

Mi sugerencia es que se predique los evangelios, uno por uno, en una serie de sermones expositivos. En la mayor parte esto no requerirá ninguna referencia a los otros evangelios. Cuando tal referencia sea útil como un medio de mostrar la contribución única del evangelio que se estudia al cuadro global de Jesucristo y a la presentación de sus enseñanzas, será apropiado hacerlo en forma sabia. Asuntos que son cuestiones de composición literaria deben tratarse únicamente en la situación apropiada, tal como una clase avanzada de estudio bíblico, donde hay suficiente tiempo para un tratamiento exhaustivo. Las diferencias entre los evangelios que son suficientemente obvias como para constituir un problema para muchos en la congregación, o un problema en potencia, deben ser tratadas en forma concisa, sabia y a fin de fortalecer la confianza de la congregación en las Escrituras.

Una sugerencia final en cuanto a los pasajes oscuros en general.

Un buen modelo es a menudo mejor que una larga explicación. Si la oscuridad es debida a la dificultad de la estructura, de la sintaxis o de la gramática griega, tal vez sea conveniente conseguir una traducción clara al castellano, que se acople a su propio entendimiento del texto (doy por sentado una suficiente comprensión del griego como para poder determinar cuál es una traducción satisfactoria). El peligro de esto es que ¡podemos sencillamente escoger una traducción que se adapte a nuestra idea preconcebida de lo que el pasaje significa! En la mayoría de los casos, una comparación de varias versiones puede dar una buena idea del verdadero significado del pasaje. Ya mencioné el ejemplo de Hebreos 1:4. La mayoría de la gente no quiere oír una explicación larga; simplemente quieren escuchar un significado del cual puedan apropiarse. Al leer una versión diferente a la que acostumbran a usar, es sabio no dar la impresión de que la que han estado usando este errada en ese punto. Esto puede despertar sospechas en cuanto al texto en español. Es mejor decir algo como: "Pienso que la versión _____ expresa mejor en castellano el significado original del pasaje."

Capítulo 10

Práctica

Ahora que hemos recorrido juntos pacientemente todo este material, ¿cómo lo ponemos en práctica al construir un sermón? Ya se han sugerido algunos bosquejos sobre varios pasajes. Ahora escogeremos Romanos 6:1-14 como un ejemplo final, y daremos los pasos sucesivos que se sugieren en este libro. La proporción del tiempo que se dedique a cada paso variará de acuerdo con nuestras metas, el tiempo de que se disponga y nuestro dominio del idioma griego. El lector de habla castellana deberá ser capaz de realizar la mayoría de lo que viene a continuación, pero quien sabe griego querrá usar tal conocimiento donde sea apropiado.

Examine el contexto

Observe el trasfondo

El libro de Romanos es, por supuesto, tan bien conocido que no necesitamos pasar tiempo aquí revisando el contexto del libro y del argumento. En el púlpito sí lo haríamos. Incluso en un sermón expositivo debemos dar por sentado que habrá algunos oyentes que carecen de este conocimiento, y que apenas comienzan a escuchar estas predicaciones.

Note el contexto inmediato

Explicaríamos la dirección del pensamiento y la conclusión al capítulo 5, con su énfasis en la gracia. Esa conclusión llega a ser también el "tejido conjuntivo" con 6:1, en particular la palabra "gracia". Explicaríamos por qué Pablo creyó necesario insistir en que la gracia no es licencia para pecar.

Características y temas dominantes

Las palabras iniciales del capítulo plantean el problema del pecado. Pero, junto con esta expresión verbal de un tema, hay una característica estructural que debe observarse en el pasaje, para que pueda exponerse apropiadamente. Es una serie de preguntas retóricas que se extiende más allá de los límites de nuestro pasajes, en 6:1; 6:15; 7:7 y 7:13. Se mencionan éstas en el capítulo acerca de los modelos. Es esta serie de preguntas lo que da forma a la sección total de Romanos 6 y 7.

Exégesis práctica

Hay varios asuntos en este pasaje que son suficientemente significativos como para que yo les dedique especial atención durante mi estudio preparatorio. No hay necesidad de hacer una lista de los tales aquí, pero hay varios que exigen atención especial. Términos tales como "pecado" y "gracia" probablemente ya habrán sido explicados durante el curso de una predicación expositiva sobre Romanos. Términos nuevos, tales como "hemos muerto al pecado" y "bautizados en Cristo Jesús" (y "bautizados en su muerte") exigirán que se expliquen ahora. La frase "consideraos muertos la pecado" clama a gritos por una interpretación; será difícil que la congregación la entienda. Todos estos términos son importantes doctrinal y temáticamente en Romanos; y, en mi pasaje, también son importantes éticamente.

Bosquejo exegético

El siguiente esquema pone el texto en forma de párrafo. Estoy usando la versión de Reina Valera de 1960, pero también consultando el griego para ver si quiero hacer alguna modificación.

v. 1   ¿Qué, pues, diremos?
         ¿Perseveraremos en el pecado
            para que la gracia abunde?
v. 2   En ninguna manera.
           Porque los que hemos muerto al pecado,
         ¿cómo viviremos aún en él?
v. 3   ¿O no sabéis
         que todos
     los que hemos sido bautizados en Cristo Jesús,
       hemos sido bautizados en su muerte?
v. 4   Porque somos sepultados juntamente con él
             para muerte
          por el bautismo,
       a fin de que
       como Cristo resucitó de los muertos
          por la gloria del Padre,
       así también nosotros andemos en vida nueva.
v. 5   Porque si fuimos plantados juntamente con él
          en la semejanza de su muerte,

así también lo seremos
en la de su resurrección.

v. 6   sabiendo esto,
que nuestro viejo hombre fue crucificado
juntamente con él
para que el cuerpo del pecado sea destruido,
a fin de que no sirvamos más al pecado.

v. 7   Porque el que ha muerto, ha sido
justificado del pecado.

v. 8   Y si morimos con Cristo
creemos
que también viviremos con él;

v. 9   sabiendo que
Cristo, habiendo resucitado de los muertos,
ya no muere;
la muerte no se enseñorea más de él.

v. 10   Porque en cuanto murió,
al pecado murió una vez por todas;
mas en cuanto vive,
para Dios vive.

v. 11   Así también vosotros, consideraos
muertos al pecado,
pero vivos para Dios en Cristo Jesús.

v. 12   No reine, pues, el pecado en vuestro cuerpo mortal
de modo que lo obedezcáis en sus concupiscencias;

v. 13   ni tampoco presentéis vuestros miembros al pecado
como instrumentos de iniquidad,
sino presentaos vosotros mismos a Dios
como vivos de entre los muertos,
y vuestros miembros a Dios
como instrumentos de justicia.

v. 14   Porque el pecado no se enseñoreará de vosotros;
pues no estáis bajo la ley,
sino bajo la gracia.

Modelos en el texto

Modelos narrativos
Ninguno.

Modelos de composición
Hay varios contrastes fuertes a medida que se desarrolla el pasaje,
entre la vida y la muerte, y luego entre presentarnos nosotros mismos
al pecado y presentarnos a Dios. Hay también una comparación,

indicada por las palabras "juntamente con él" y "así también" en el versículo 4. La repetición se ve primero que todo en el modelo global, como ya se observó anteriormente en cuanto a los capítulos 5 y 6, en la serie de cuatro preguntas: "¿Qué, pues, diremos? ¿Perseveraremos en el pecado. . ?" (6:1); "¿Qué, pues? ¿Pecaremos, porque. . ?" (6:15); "¿Qué diremos, pues? ¿La ley es pecado?" (7:7); "¿Luego lo que es bueno, vino a ser muerte para mí?" (7:13). Hay también una repetición de términos e ideas clave, tales como la muerte y la vida; "juntamente con él", en el versículo 5; "en" tres veces en los versículos 3 y 4 (en el griego); "cuerpo" en los versículos 12 y 13, y así sucesivamente. Hay un clímax en el versículo 14. Allí se presenta el carácter crucial de la resurrección, que marca aquí el cambio del pecado, muerte y esclavitud a obediencia, vida y libertad. El modelo de causa y efecto se ve en el efecto de la muerte y la resurrección de Cristo en nuestra vida. Hay un constante intercambio entre la experiencia de Cristo y la experiencia de los creyentes. Un ejemplo de verificación se halla en el versículo 9: "sabiendo esto. . .", tanto como en el clímax, versículo 14: "Porque el pecado no se enseñoreará de vosotros. . ."

Modelos semánticos

Algunos de los modelos de composición mencionados se basan en modelos semánticos, tales como el contraste entre "vida" y "muerte". Estos forman también campos semánticos, tales como el aspecto global de vivir y morir, o de lo viejo y lo nuevo. Algunos de estos se superponen en su significado. Por ejemplo, "resurrección" es parte del campo semántico de vivir y morir, así como de "muerte", "murió", "muertos", "sepultados", "resucitados" y "vida". Pero el concepto "resurrección" está también relacionado con la idea de algo nuevo, en el versículo 4: "vida nueva". Hay ideas contrarias también: Cristo murió, Cristo vive; hemos sido unidos con El en su muerte; hemos sido unidos con El en su resurrección; "tampoco presentéis vuestros miembros al pecado como instrumentos de iniquidad, sino presentaros vosotros mismos a Dios. . . como instrumentos de justicia". También hay una idea recíproca, tanto expresa como sobreentendida, por ejemplo, "muertos al pecado, pero vivos para Dios" (v. 11). Algunos de estos ejemplos también son equivalentes: "juntamente con él en. . . muerte/resurrección", "morimos con Cristo/viviremos con él", "en cuanto murió/en cuanto vive", "instrumentos de iniquidad/de justicia". Hay también varios términos en el mismo campo semántico que es más probable que se pasen por alto porque están en diferentes partes del discurso, por ejemplo, términos que indican propósito, lo cual incluye la partícula griega, *jína* ("para que"), y el infinitivo de propósito con artículo, *toû mekéti douleúein* ("a fin de que no sirvamos más al pecado").

Toques finales

También tenemos que darnos cuenta del "modelo de color" emocional en este pasaje. Hay un fuerte sentido de sorpresa y preocupación, indicado por la expresión: "En ninguna manera" (*mè génoito*). Las preguntas retóricas que acabamos de observar también dan un sentido de desafío y urgencia. Necesitamos buscar cualquier estructura profunda significativa. Tal vez el ejemplo más obvio se halla en el versículo 3. Las palabras "los que hemos sido bautizados en Cristo Jesús" son, en lo que los gramáticos llaman la "estructura superficial", la forma relativa de "fuimos bautizados en Cristo Jesús". Pero tal declaración requiere explicación. Es necesario, en consecuencia, asegurarnos de que la congregación sabe lo que significa ser bautizados en Cristo Jesús antes que puedan entender la frase que contiene esta cláusula relativa. Por último, necesitamos resumir el pasaje en una sola frase: No debemos continuar viviendo una vida de pecado, porque así como es absolutamente cierto que Jesucristo concluyó su vida en la tierra por la muerte y resucitó a una nueva vida, nosotros hemos muerto a nuestra vida vieja y debemos, como quienes han resucitado con Cristo a una nueva vida, rendirnos complemente a Dios.

Función y aplicación

Ahora avanzamos a la función y aplicación del pasaje. En su contexto original, el pasaje estuvo destinado a prevenir un malentendido sobre la doctrina de la gracia. Los lectores eran, en su mayor parte, gente a quien Pablo no había conocido todavía. Pablo no tenía ninguna certeza de que ellos entenderían la necesidad de identificarse con Cristo en su muerte y su resurrección, a menos que se les explicara esto. Los resultados que procuraba conseguir son fácilmente comprensibles tanto por su argumento como por el empleo de imperativos en los versículos 11-13. La función pudiera describirse de varias maneras: (1) motivación, debido al fuerte tono emocional que usa Pablo, indicando un sentido de urgencia; (2) tratar con cuestiones doctrinales, en tanto y en cuanto Pablo está vindicando la idea cristiana de la gracia; (3) mostrar una relación de causa y efecto, en cuanto al efecto que la muerte y resurrección de Cristo debería tener en nuestra vida; (4) colocar la base para la acción, especialmente en la declaración del versículo 14, pero también de una manera general; (5) enseñar ética. No se describe ninguna situación específica, pero sí se proporciona una base para una vida santa y piadosa.

Hay un librito sobre esta sección de Romanos, escrito hace muchos años por el doctor J. Oliver Buswell, cuyo título es medio raro, y sin embargo muy apropiado: "Por qué un cristiano no debe vivir una vida impía." Si modificamos un poco esto, para adaptarlo a un público contemporáneo, tal vez sustituyendo la palabra "impía" y poniendo en su lugar "pecaminosa", podemos dar respuesta a la pregunta que propone, bien sea moviéndonos en el pasaje punto por punto, usando el bosquejo del párrafo como una guía, o tomando los varios modelos que hemos descrito y dividiendo todo el pasaje bajo varias subdivisiones, recalcando (1) la unión con Cristo en su muerte, (2) la unión con Cristo en su resurrección, y (3) las decisiones que se exigen tomar al final del párrafo. La última frase es, como hemos observado, tanto fundamental como culminante, y puede constituir la conclusión de nuestro sermón, bien sea como parte de la subdivisión final, o como una subdivisión separada por sí misma, o tal vez en conjunción con una ilustración apropiada para concluir.

Con esta selección de funciones, se torna muy importante entender la necesidad de la congregación. Con nuevos creyentes, tal vez será mejor dedicar bastante tiempo a hacer hincapié en los aspectos doctrinales del pasaje, de modo que el nuevo creyente pueda entender la naturaleza de la gracia y la base para la moralidad cristiana. Con cristianos que no demuestran una preocupación suficientemente intensa por una vida moral, el tono del sermón podría ser de motivación. Si el pastor piensa que hay problemas éticos debido a la falta de comprensión de la relación entre el evangelio y la vida cristiana, bien pudiera enfatizar los aspectos fundamentales del pasaje.

¿Es este un texto difícil? Pienso que sí, debido al concepto de ser bautizados en Cristo y en su muerte, que bien pudiera no ser bien entendido por muchos en la congregación, debido a frases tales como el "viejo hombre", del versículo 6, y "el cuerpo de pecado" en el mismo versículo, y también debido a la frase aparentemente misteriosa "consideraos muertos al pecado", en el versículo 11. Hay el gran peligro de que debido a que algunas de las frases en este pasaje son demasiado comunes en el vocabulario evangélico, el predicador tal vez no caiga en cuenta de la cantidad de enseñanza que tiene que dar para que la congregación pueda entender y aplicar el mensaje.

Forma homilética

¿Qué forma debe tomar mi sermón? Cuáles deben ser las principales características? ¿Qué impresiones deben quedar grabadas en la congregación? ¿A tomar qué acción deben ser estimulados? ¿Cómo puede esto encajar en una serie expositiva sobre Romanos?

Para tomar la última pregunta primero, yo partiría con mucho cuidado de la doctrina de la justificación por gracia que se enseña en Romanos 1 — 4. (También debo estar alerta para cualquier trayectoria de los términos a través de todo el libro de Romanos). Los comentaristas difieren grandemente en cuanto a si el capítulo 5 pertenece a la sección precedente de Romanos, o si pertenece a la que viene después. Veo a Romanos 5:1-11 como un resumen del estado en que se encuentran las cosas como resultado de la justificación: tenemos paz, gozo y esperanza (véase mis bosquejos anteriores sobre este pasaje). Romanos 5:12-19 introduce un aspecto importante del punto de vista de Pablo en cuanto a la vida y obra de Cristo: un paralelo entre Adán y Cristo. Esto nos prepara para Romanos 6 de dos maneras. (1) Estamos profundamente conscientes de dos mundos: el mundo de Adán, una esfera de muerte; y el mundo de Cristo, una esfera de vida. Por consiguiente, cuando Pablo habla en el capítulo 6 acerca de la muerte y la vida, estamos listos para ver la implicación: la persona que está unida a Cristo comparte su vida nueva, y ha dejado de estar sujeta al viejo síndrome de pecado y muerte. Este tema continúa a través de todo Romanos 8. (2) La referencia a la gracia, en 5:20, 21, es un trampolín, como ya hemos visto, para el asunto de las implicaciones de ello para nuestra vida moral.

No hay duda de que usaría las cuatro preguntas de 6:1; 6:15; 7:7 y 7:13 como un recuadro para mi serie en esta sección de Romanos. Involucraría a mi congregación en la búsqueda de las respuestas, asegurándome de que aplico a la congregación contemporánea estas preguntas, que fueron originalmente significativas para el judío cristiano que estaba preocupado por la ley.

También emplearía los equivalentes, las palabras y frases repetidas, las comparaciones y los contrastes, bien sea estructurándolos en las divisiones principales, en los subpuntos, o introduciéndolos vez tras vez como refuerzo del sermón. Presentaría a la congregación el reto a escoger, y la guiaría, paso a paso, en la exhortación de los versículos 11-13.

La conclusión del versículo 14 debe ser presentada como clímax y como una respuesta definitiva a la pregunta formulada en el versículo 1. En tanto que los versículos intermedios muestran cómo y por qué el cristiano "no vive una vida impía" en términos de identificación con Cristo, el versículo de conclusión enfatiza el resultado en términos de la transición de la ley a la gracia. (Nótese el fuerte contraste entre *jupó nómon*, "bajo la ley", y *jupó kárin*, "bajo la gracia".) Bajo la ley uno estaba condenado y, puesto que la ley no podía efectuar nuestra libertad del pecado (como Pablo lo muestra en los capítulos 6 y 7), uno estaba sujeto al yugo de esclavitud del pecado. Pero la gracia nos liberta de esa esclavitud y, debido al poder de la resurrección de Cristo, nos abre el camino hacia una nueva vida de verdadera obediencia a Dios.

Debido a que el problema del pecado atormenta profundamente a la mayoría de las personas religiosas, y debido al fuerte color emocional del pasaje, la conclusión de mi sermón no debería ser un resumen doctrinal seco, sino que debería contener casi una nota apasionada de afirmación. Creo que un sermón sobre este pasaje debería tener las mismas características del pasaje en sí mismo: una combinación de claridad doctrinal e interés en la aplicación personal. El público contemporáneo, al igual que los lectores originales de la carta a los Romanos, debe ser llevado al punto de rendición, de entrega y de obediencia.

La estructura real puede tomar muchas formas. Si sigo el bosquejo de párrafo, lo que haría es seleccionar de entre el gran número de cláusulas principales y subordinadas, aquellas que representarían fielmente la idea del pasaje. Hay un progreso fácilmente comprensible, indicado por las palabras que se refieren a nuestro entendimiento. Nótese el siguiente análisis:

- Algunas preguntas que hacer: "¿Qué, pues, diremos. . . perseveraremos en pecado. . . (si hemos muerto al pecado) ¿cómo viviremos aún en él?" (vv. 1,2).
- Algunos hechos que saber: "No sabéis" (v. 3); "Sabiendo esto" (v. 6).
- Algunas cosas que creer: "Creemos" (v. 8).
- Algunas cosas que tener en cuenta: "Consideraos" (v. 11).

En lugar de seguir el párrafo en secuencia, tal vez escogería elaborar el bosquejo en una manera circular; esto es, hacer centro en cada una de las afirmaciones acerca de la muerte, de la vida y de las decisiones que hay que tomar, retornando a éstas en cada punto en que ocurren en el texto. En realidad, Pablo mismo elaboró esto en forma circular. Aun cuando el texto procede lógicamente, los temas en sí mismos se repiten en diferente forma vez tras vez. Tal vez me concentraría primordialmente en la pregunta: "¿Qué significa estar unido con Cristo?" puesto que esa es una idea clave. El término "unido" ocurre en una estructura significativa de "equivalentes", que también contiene algo inverso: "juntos con Cristo en su muerte. . . juntos con El en su resurrección". Por consiguiente, puedo decir que:

- Estar unido con Cristo significa estar muerto a la vida vieja.
- Estar unido con Cristo significa haber revivido a una vida nueva.
- Estar unido con Cristo significa haberse comprometido a una nueva manera de vivir.

Un enfoque totalmente diferente podría comenzar con las preguntas de apertura, y construir un fuerte sentido de preocupación y expectación, dando una clara exposición de los versículos 3-10, y luego dedicando la parte última del sermón para la aplicación. En este caso sugeriría *dos* bosquejos: un bosquejo del contenido lógico para la exposición, y luego un bosquejo de los versículos 11-14 para dar una exhortación apremiante. Este bosquejo "concluyente" pudiera ser estructurado alrededor de los imperativos de los versículos 11-14, como sigue:

- "Consideraos. " (*logízesde jeautoùs*) v. 11
- "No reine, pues, el pecado..." (*mè.. basileuéto*) v. 12
- "Ni tampoco presentéis.. " (*medè paristánete*) v. 13
- "Sino presentaos..." (*alà parastésate*) v. 13

Esta clase de "doble bosquejo" podría ser muy artificioso y confuso para la congregación si no se maneja correctamente. Una ventaja del mismo es que sigue el contenido y el modo del texto, apropiándose en buena forma de las dos funciones de la doctrina y de la exhortación ética. Probablemente yo trataría de integrar los dos bosquejos usando la exposición indirecta. Esto quiere decir que desarrollaría un bosquejo principal que incluya las preguntas de apertura del capítulo, y las exhortaciones que se hallan al final del mismo, haciendo de la exposición de los versículos 3-13 el elemento central del sermón. Un posible bosquejo que incluye las varias ideas presentadas anteriormente se vería así:

Tema: Como obtener el mayor provecho de la gracia de Dios.

Frase introductoria: Obtenemos el mayor provecho de la gracia de Dios al:

1. Rechazar la tendencia a dar por sentado la gracia de Dios (vv. 1, 2).
2. Comprender nuestra nueva vida en Cristo (vv. 3-10) (exposición).
3. Rendirnos nosotros mismos a Dios ("consideraos", etc.).

Esta variedad de posibilidades puede haber desilusionado a quienes tal vez esperaban un único bosquejo sencillo y claro de Romanos 6. Pero este libro ha procurado ser franco y vigoroso al tratar con las complejidades reales de la preparación de un sermón. De seguro que se podría haber escogido un ejemplo que presente un bosquejo sencillo y simple. Algunos ya han sido presentados anteriormente. Pero eso no es "vivir la vida dentro de la oficina". Tampoco es "vivir la vida dentro de la comunidad". El significado del texto tiene una sola dirección y sentido, pero su presentación y aplicación pueden ser tan variadas como el estilo literario de los escritores bíblicos, el estilo de predicación del pastor, y las necesidades de la congregación contemporánea

El programa de predicación

Un factor en la estructuración de un sermón, que he reservado para el final, es el ambiente más amplio del sermón: el programa de predicación

¿Cuán larga debería ser una serie de un libro dado de la Biblia? Algunos predicadores han predicado con éxito por más de un año siguiendo un libro, pasaje por pasaje. Esto abunda en favor de la riqueza de la Palabra de Dios. Sin embargo, hay ciertos riesgos. A menos que uno amplíe los temas menores que se hallan embebidos en el texto, la congregación no quedará expuesta a una variedad saludable de doctrinas. Tal vez sea mejor recalcar las principales enseñanzas del libro, terminar la serie y pasar a otros libros. En realidad, es mejor enseñar una doctrina basándonos en un libro que la presenta, así como hemos visto, en lugar de embutirla en un comentario al paso en un texto que se refiere a otro tema.

Al planear una serie, seguramente consideraremos las necesidades personales y espirituales de la congregación. La selección de libros y temas debiera venir, así como el sermón individual, tanto de "arriba" como de "abajo", con la Escritura y la necesidad encontrándose en el púlpito.

El programa anual de predicación debe incluir (dando por sentado, por el momento, que la mayoría de nuestros sermones serán expositivos), un equilibrio entre los libros del Antiguo y del Nuevo Testamento, pero también de los diferentes tipos de literatura en la Biblia, como por ejemplo, historia, proverbios, salmos, doctrina, y así por el estilo. Las decisiones en cuanto al programa de predicación como un todo no son menos exigentes que la decisión de sobre qué predicar un domingo dado. Sin embargo, esta decisión se hace más fácil cuando se planea con anticipación a fin de incluir una variedad de mensajes sobre cierto número de necesidades y temas. Uno puede escoger más sensata y objetivamente cuando no se está presionado por la necesidad de encontrar antes del miércoles un tema para poner en el boletín. (También disponemos de mucho más tiempo para coleccionar materiales y recursos de respaldo cuando planeamos con antelación.) Todo esto puede ser integrado dentro del programa anual de la iglesia.

Al mismo tiempo, no es simple charla piadosa recordarnos a nosotros mismos cuán importante es depender en oración del Señor para que nos guíe al seleccionar los temas y los pasajes, bien sea con una semana o con seis meses de antelación. También debemos ser flexibles para cambiar cuando las circunstancias y el impulso del Espíritu Santo así lo exijan. Nada hay de sagrado en cuanto a una continuidad ininterrumpida. En realidad, una congregación sentirá incluso más agudamente la urgencia del mensaje cuando el pastor lo considera de suficiente importancia como para interrumpir su serie.

Al planear para otras ocasiones, especialmente para conferencias bíblicas, se requiere de otras consideraciones. Nos guste o no, debemos darnos cuenta de que la gente que asiste a un campamento o conferencia de verano han ido más que todo por el deseo de hallar entretenimiento y diversión. No veo razón por la cual no podamos combinar una rica enseñanza bíblica con un espíritu alegre y amistoso. Uno debe pintar con brocha gorda, porque los detalles pueden perderse muy fácilmente debido a las distracciones, tales como pájaros, niños o el clima. La serie debe ser inclusiva, y los asistentes deben salir con algunos conceptos e imperativos muy claros en su mente y en su corazón. Tal vez los relatos o narrativas, las parábolas y los estudios de personajes son mejores alternativas en algunas situaciones que los pasajes didácticos. En razón de que una sesión se halla muy próxima de la que sigue, por lo general una vez al día, puede haber una mejor sucesión de ideas e impresiones. Al mismo tiempo, la congregación probablemente será más pequeña a la que podría haber en el templo. Tal vez también haya quienes, en ausencia de Biblias, escuchen sin seguir el texto impreso. Todo debe ser explicado e ilustrado claramente. La gente debe marcharse estimulada y refrescada, feliz de haber escuchado la Palabra de Dios.

En realidad, esa es mi esperanza para todos los que escuchan nuestras exposiciones de la Palabra de Dios. A excepción de algún sermón severo ocasionalmente necesario, ojalá que nuestros mensajes llenen a la gente de gozo, paz y esperanza.

Aunque este ha sido un libro sobre metodología, recordemos que es sólo por el Espíritu de Dios, actuando en soberana gracia y poder, y obrando a través de nuestras oraciones, que nuestros sermones tendrán algún efecto espiritual.

Notas

1. James W. Sire, *Scripture Twisting: Twenty Ways the Cults Misread the Bible* (Torcer las Escrituras: Veinte maneras en que las sectas tuercen las Escrituras) (Downers Grove: InterVarsity, 1980).

2. Entre los mejores libros sobre hermenéutica están Milton S. Terry, *Biblical Hermeneutics* (Hermenéutica bíblica) (1883; reimpresión, Grand Rapids: Zondervan, 1969); Bernard Ramm, *Protestant Biblical Interpretation* (Interpretación bíblica protestante) 3a. ed. (Grand Rapids: Baker, 1970); A. Berkeley Mickelsen, *Interpreting the Bible* (Interpretando la Biblia) (Grand Rapids: Eerdmans, 1963). Dos obras que tratan con cuestiones especiales y libros o pasajes particulares son: I. H. Marshall, ed., *New Testament Interpretation* (Interpretación del Nuevo Testamento) (Grand Rapids: Eerdmans, 1977) y Morris A. Inch y Hassell Bullock, eds., *The Literature and Meaning of Scripture* (La literatura y significado de la Escritura) (Grand Rapids: Baker, 1981). El mejor libro que un predicador puede encontrar como una combinación de directrices hermenéuticas y exegéticas para la estructuración de un sermón es Walter C. Kaiser, Jr., *Toward an Exegetical Theology: Biblical Exegesis for Preaching and Teaching* (Hacia una teología exegética: Exégesis bíblica para la predicación y la enseñanza) (Grand Rapids: Baker, 1981).

3. El mejor libro sobre el tema es Anthony C. Thiselton, *The Two Horizons: New Testament Hermeneutics and Philosophical Description* (Dos horizontes: La hermenéutica y descripción filosófica del Nuevo Testamento) (Grand Rapids: Eerdmans, 1980). El estudio con el cual Thiselton interactúa, Hans-George Gadamer, *Truth and Method* (Verdad y método) (London: Sheed and Ward, 1975), fue publicado originalmente como *Warheit und Methode, Grundzüge einer philosophischen Hermeneutik* (Tübingen: Mohr, 1965).

4. El lector debe tener presente que hay mucho desacuerdo en cuanto a la aplicación al Nuevo Testamento de la metodología sociológica contemporánea. Algunos libros que parecen dar descripciones objetivas del trasfondo del Nuevo Testamento, en realidad lo que están presentando son enfoques particulares a los enfoques sociológicos, para que sean considerados por otros sociólogos. Tales "pruebas" incluyen las siguientes obras: Gerd Thiessen, *Sociology of Early Palestinian Christianity* (Sociología del cristianismo temprano en Palestina) (Philadelphia: Fortress, 1978); Howard Clark Kee, *Christians Origins in Sociological Perspective* (Los orígenes del cristianismo en la perspectiva sociológica) (Philadelphia: Westminster, 1980); y Bruce J. Malina, *The New Testament World: Insights from Cultural Anthropology* (El mundo del Nuevo Testamento: Perspectiva desde la antropología cultural) (Atlanta: John Knox, 1981). Obras de erudición acerca del trasfondo histórico incluye la obra de Martin Hengel, *Judaism and Helenism* (Judaísmo y helenismo) y la obra en dos volúmenes (no evangélica) *Introduction to the New Testament* (Introducción al Nuevo Testamento) de Helmut Koester, el primer volumen de la cual, *History, Culture and Religion of the Helenistic Age* (Historia, cultura y religión de la era helénica) (Philadelphia: Fortress, 1982) es un estudio detallado de ese período. Hengel tiene algunos estudios menos extensos muy útiles, incluyendo *Property and Riches in the Early Church* (Propiedad y riquezas en la iglesia primitiva) (Philadelphia: Fortress, 1974) y *Crucifixion* (Crucifixión) (Philadelphia: Fortress, 1977). Dos obras sobre Jerusalén, una por Joachim Jeremias, *Jerusalem in the Time of Jesus* (Jerusalén en los tiempos de Jesús) (Philadelphia: Fortress, 1969) y John Wilkinson, *Jerusalem as Jesus Knew It* (Jerusalén tal como la conoció Jesús) (London: Thames and Hudson, 1978), tipifica la clase de información que hay disponibles para el que estudia los evangelios. Varios aspectos de la historia del Nuevo Testamento reciben iluminación en la obra de A. N. Sherwim-White, *Roman Society and Roman Law in the New Testament* (La sociedad romana y la ley romana en el Nuevo Testamento), Conferencias Sarum 1960-1961 (Oxford: Clarendon Press, 1963). Un libro muy informativo en cuanto a la vida diaria en tiempos bíblicos, con muchas ilustraciones ricas para sermones, va a ser reimpresa por Moody Press bajo la autoría de Walter L. Liefeld y Grant Osborne, *Manners and Customs of Bible Lands* (Costumbres y hábitos en las tierras bíblicas).

5. Disponemos ahora de gran abundancia de enciclopedias y diccionarios bíblicos. La obra evangélica más amplia disponible al

momento de escribir este libro es *The Zondervan Pictorial Ency-
clopedia of the Bible*, (Enciclopedia pictórica Zondervan de la
Biblia) en cinco volúmenes, editada por Merrill C. Tenney
(1975). La revisión de la *International Standard Bible Encyclo-
pedia* (Enciclopedia bíblica internacional), editada por Geoffrey
Bromily, se halla al presente en proceso de publicación por Eerdmans. Una enciclopedia en tres volúmenes, el *Illustrated Bible
Dictionary* (Diccionario bíblico ilustrado), publicado en 1980 por
Tyndale, es una ampliación del *New Testament Dictionary* (Diccionario del Nuevo Testamento), cuya edición revisada fue publicada por Tyndale en 1982. Los diagramas, mapas e ilustraciones de esta obra son los más útiles que he visto.

6. Charles Talbert, *Literary Patterns, Theological Themes and the
Genre of Luke-Acts*, (Modelos literarios, temas teológicos y el
género de Lucas y Hechos), Monografía de la Sociedad de Literatura Bíblica, Serie 20 (Missoula: Scholars Press, 1974).

7. Cerhard Kittel y Gerhard Friedrich, eds., *Theological Dictionary
of the New Testament* (Diccionario teológico del Nuevo Testamento), Geoffrey Bromily, trad., 10 vols. (Grand Rapids: Eerdmans, 1964-1976).

8. Colin Brown, ed., *The New International Dictionary of New Testament Theology* (Nuevo diccionario internacional de la teología
del Nuevo Testamento), 3. vols. (Grand Rapids: Zondervan,
1975-1978).

9. F. Blass y A. Debrunner, *A Greek Grammar of the New Testament*
(Gramática griega del Nuevo Testamento), Robert W. Funk, trad.
y ed. (Chicago: University of Chicago Press, 1961).

10. James Hope Moulton, *A Grammar of New Testament Greek* (Gramática del griego del Nuevo Testamento), vol. 3 (Edinburgh: T.
& T. Clark, 1963).

11. A. T. Robertson, *Grammar of the Greek New Testament in the
Light of Historical Research* (Gramática del Nuevo Testamento
griego a la luz de la investigación histórica), (Nashville: Broad-
mann, 1923).

12. Bruce M. Metzger, *A Textual Commentary of the Greek New
Testament* (Comentario textual del Nuevo Testamento griego),
(Londres y Nueva York: Sociedades Bíblicas Unidas, 1971).

13. Merrill C. Tenney, *Galatians: The Charter of Christian Liberty*
(Gálatas: La carta de la libertad cristiana), (Grand Rapids: Eerdmans, 1950).

14. Irving L. Jensen, *Independent Bible Study* (Estudio bíblico independiente), (Chicago: Moody, 1963).

15. Johannes P. Louw, "Discourse Analysis and the Greek New Tes-

tament" ("Análisis del discursos y el Nuevo Testamento griego")
Bible Translator (El traductor bíblico) 24 (1973): 101-18.

16. Ejemplos del enfoque a la literatura bíblica se encuentran frecuentemente en la revista *Seimeia*. Los vol. 1 y 2 (ambos de 1974) y 9 (1977) proveen de ejemplos en cuanto al estudio de las parábolas. La evaluación de este enfoque es muy variada, y los estructuralistas han ido modificando su propia metodología. Esta no se encuentra todavía en el punto en el cual el ocupado pastor promedio puede fácilmente seleccionar lo bueno y desechar lo que es marginal o inútil.

17. Robert A. Traina, *Methodical Bible Study* (Estudio bíblico metódico), (New York: Gains y Harris, 1952).

18. Jensen, *Independent Bible Study* (Estudio bíblico independiente), (nota 14).

19. Richard Chenevix Trench, *Synonyms of the New Testament* (Sinónimos del Nuevo Testamento), 9a. ed. (1880; reimpresión Grand Rapids: Eerdmans, 1966).

20. C. E. B. Cranfield, *A Critical and Exegetical Commentary on the Epistle to the Romans* (Comentario exegético y crítico sobre la Epístola a los Romanos), International Critical Commentary (Comentario Crítico Internacional), 2a. serie (Edinburgh: T. & T. Clark, 1975), pp. 264 ss.

21. John C. Hawkins, *Horae Synopticae* (Grand Rapids: Baker, 1968).

22. Robert Morgenthaler, *Statistik des Neutestamentlichen Wortschatzes* (Estadística del vocabulario del Nuevo Testamento), (Zürich: Gotthelf, 1973).

23. Lloyd Gaston, *Horae Synopticae Electronicae: Word Statistics of the Synoptic Gospels* (Horae Synopticae Electronicae: Estadísticas de los evangelios sinópticos), (Missounla: Scholars Press, Sociedad de Literatura Bíblica, 1973).

24. Lloyd M. Perry, *Biblical Preaching for Today,s World* (Predicación bíblica para el mundo actual), (Chicago: Moody, 1973), pp. 70, 147. Publicado en español por Editorial VIDA, 2ª ed. 1989.

25. La preocupación para cerrar la brecha entre el mundo de la Biblia y el contemporáneo halla expresión elocuente en una obra que ha aparecido después que escribí este capítulo, *Between Two Worlds* (Entre dos mundos), de John R. W. Stott (Grand Rapids: Eerdmans, 1982). Es una poderosa presentación de la necesidad y manera de predicar la verdad bíblica a un público del siglo veinte. Indudablemente ocupará su lugar como uno de los libros más significativos acerca de la predicación. Véase especialmente el capítulo cuarto, "Preaching as Bridge Building" ("La predi-

cación como construcción de puentes"), pp. 135-79.

26. Lloyd M. Perry, *Biblical Preaching for Today's World* (Predicación bíblica para el mundo actual), capítulo 5, "Predicación bíblica y predicación a la situación de la vida", especialmente las pp. 116 ss., 119-21.

27. Sidney Greidanus, *Sola Scriptura. Problems and Principles in Preaching Historical Texts* (Sola Escritura. Problemas y principios al predicar sobre textos históricos), (Toronto: Wedge, 1970).

28. Henry Grady Davis, *Design for Preaching* (Diseño para la predicación), (Philadelphia: Fortress, 1958), pp. 139-62).

29. Haddon W. Robinson, *Biblical Preaching: The Development and Delivery of Expository Messages* (Predicación bíblica: El desarrollo y predicación de mensajes expositivos), (Grand Rapids: Baker, 1980).

30. Lloyd M. Perry, *Biblical Sermon Guide* (Guía para sermones bíblicos), (Grand Rapids: Baker, 1970).

31. Perry, *Sermon Guide*, p. 63.

32. Perry, *Sermon Guide*, p. 27-60.

33. Robinson, *Biblical Preaching*, p. 125.

34. S. J. Schultz y M. A. Inch, *Interpreting the Word of God* (La interpretación de la Palabra de Dios), (Chicago: Moody, 1976), pp. 10527.

35. Hay muchos libros sobre las parábolas que son muy útiles para la predicación. Una obra reciente que resume lo mejor de una gran cantidad de estudios previos es Robert Stein, *An Introduction to the Parables of Jesus* (Introducción a las parábolas de Jesús), (Philadelphia: Westminster, 1981). Dos libros de Kenneth E. Bailey proveen información cultural especialmente interesante: *Poet and Peasant* (Poeta y aldeano), (1976) y *Through Peasant Eyes* (Con ojos de aldeano). Ambos publicados por Eerdmans.

36. Mickelsen, *Interpreting the Bible*, 179-235. Esta obra y otras sobre hermenéutica son mencionadas en la nota 2.

37. Richard Soulen, *Handbook of Biblical Criticism* (Manual de crítica bíblica), 2a. ed. (Atlanta: John Knox, 1980).

38. Véase también la cuestión del subjetivismo y objetivismo que se discute en Greidanus, *Sola Scriptura*.

NOTAS

NOTAS

NOTAS

NOTAS

NOTAS

NOTAS

NOTAS

NOTAS

Nos agradaría recibir noticias suyas.
Por favor, envíe sus comentarios sobre este libro
a la dirección que aparece a continuación.
Muchas gracias.

Vida@zondervan.com
www.editorialvida.com